AF369797

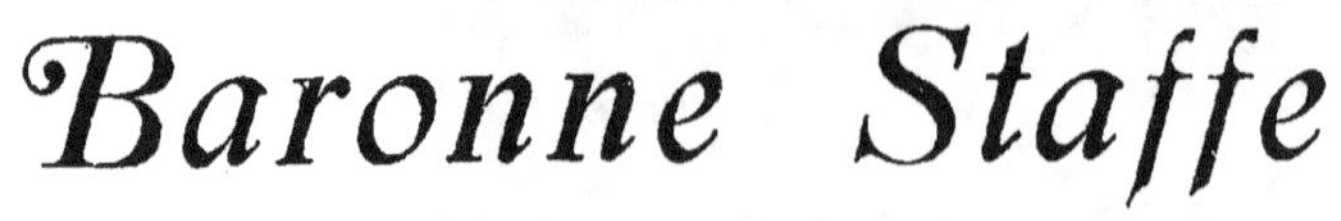

Baronne Staffe

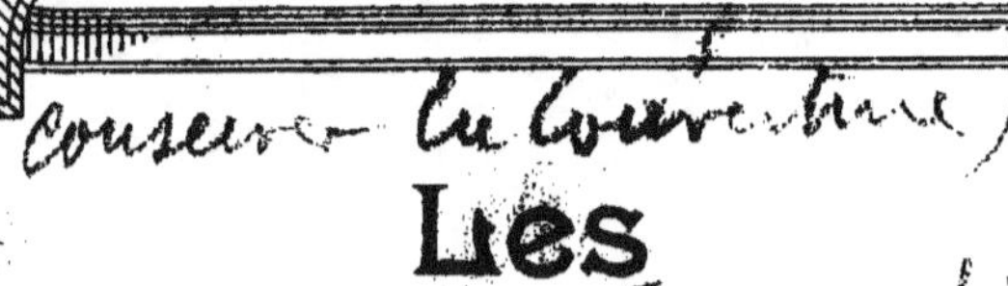

Les Hochets Féminins

LES PIERRES PRÉCIEUSES
LES BIJOUX
LA DENTELLE — LA BRODERIE
L'ÉVENTAIL
QUELQUES AUTRES SUPERFLUITÉS

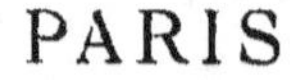

PARIS

ERNEST FLAMMARION, ÉDITEUR

26, *rue Racine*, 26

Les Hochets Féminins

OUVRAGES
de la Baronne STAFFE

ÉDITIONS REVUES CORRIGÉES ET AUGMENTÉES

Usages du Monde. Règles du Savoir-Vivre dans la Société Moderne. — Un volume in-18. . . 3 fr. 5o

Le Cabinet de Toilette.
— Un volume in-18. . . 3 fr. 5o

La Maîtresse de Maison et l'Art de recevoir chez Soi. — Un volume in-18 . . 3 fr. 5o

Traditions culinaires et l'Art de manger toutes choses à Table. — Un volume in-18. . . 3 fr. 5o

La Correspondance dans toutes les Circonstances de la Vie. — Un volume in-18. . 3 fr. 5o

Mes Secrets pour Plaire et pour être Aimée.
— Un volume in-18. . . 3 fr. 5o

La Femme dans la Famille. — La mère. — La fille. La femme. — Un volume in-18. . . 3 fr. 5o

Pour augmenter son bien-être. — Les Espérances. La Réalisation. — Un volume in-18. . . 3 fr. 5o

Baronne Staffe

—

Les Hochets Féminins

LES PIERRES PRÉCIEUSES

LES BIJOUX

LA DENTELLE — LA BRODERIE

L'ÉVENTAIL

QUELQUES AUTRES SUPERFLUITÉS

PARIS

ERNEST FLAMMARION, ÉDITEUR

26, RUE RACINE, PRÈS L'ODÉON

—

PRÉFACE

Je pense que la femme a la mission d'être belle pour idéaliser la vie de l'homme, et que le besoin de se parer lui est un sentiment inspiré par la nature. Toutefois, je n'ai pas écrit ce livre pour développer chez elle un goût qui n'est déjà que trop accusé, et qu'elle devrait savoir enrayer dans certaines conditions de vie, et aussi par compréhension de la véritable élégance, qui n'existe pas sans une simplicité relative.

J'ai dit qu'il n'est pas nécessaire d'entasser les bijoux, puisqu'on ne peut en porter à la fois qu'un nombre assez restreint, et qu'il en va de même pour les dentelles et toutes les autres superfluités, lesquelles, en outre, ne sont pas de mise dans toutes les circonstances.

Une femme qui n'est pas une sotte ne saurait souffrir de ne posséder qu'un seul écrin. Il suffit d'une parure unique, émeraudes ou perles, pour être toujours jolie; et le même point précieux peut passer de robe de gala en robe de gala, sans perdre de sa beauté pour n'être jamais changé.

J'ai bien laissé comprendre, même, qu'une femme est tout aussi jolie, peut-être plus, en se couronnant de fleurs rouges qu'en piquant des rubis dans ses cheveux; et qu'une guirlande de marguerites, en travers d'un corsage, vaut bien une berthe de dentelle ou une rivière de diamants, au point de vue de la parure, et surtout de l'embellissement.

Je veux croire que j'ai fait entendre tout cela, bien que je n'aie pas caché mon admiration pour les produits de l'art ressortissant à la toilette, et pour les raretés merveilleuses que nous offre la nature, pour orner notre beauté.

Mais on peut voir et enseigner à voir toutes ces choses avec un certain détachement, avec quelque désintéressement. Ce qui m'a amenée à parler avec détails des hochets féminins, c'est, d'abord, parce que le sujet est agréable pour les plus simples et les plus raisonnables d'entre nous, c'est aussi parce qu'il est bon qu'on soit un peu documenté sur la valeur, la beauté, les origines des choses, fussent-elles superflues, qu'on possède.

Et puis, j'ai encore été guidée par le désir d'indiquer, de mon mieux, la manière de porter ces hochets, et d'en faire le meilleur usage.

BARONNE STAFFE.

LES PIERRES PRÉCIEUSES

LES PIERRES PRÉCIEUSES

Les pierres rares, fines ou précieuses, sont appelées par un écrivain anglais : « fleurs du règne minéral ». Elles ont, en effet, l'éclat et les brillantes couleurs de leurs sœurs du règne végétal. Comme elles, elles sont variées, et très diversement séduisantes.

Productions naturelles aussi, mais qu'il faut arracher aux profondeurs de la terre, puis tailler, polir et sertir d'or, elles ne peuvent, malheureusement, se payer d'une faible somme, comme les roses qui vivent l'espace d'un matin, et c'est là leur plus grand tort, parce qu'elles excitent, de ce fait, l'orgueil chez les uns, l'envie chez les autres.

Toutefois, il n'est pas de femme, pauvre ou riche, dénuée du simple anneau d'or ou possédant de nombreux écrins, qui n'aime à entendre parler de ces corps étincelants et solides formés lentement, semble-t-il, pour lui fournir des parures durables et splendides. Ne serait-ce qu'en imagination, il lui plaît de faire rayonner le diamant fulgurant et d'égrener les douces perles. Celle même qui ne les a jamais aperçus voit, avec les yeux de l'esprit, les rubis couleur de sang, les saphirs couleur du ciel, les émeraudes couleur de prairie, traversés de lumière.

C'est donc un sujet féminin par excellence que nous choisissons. Nous pouvons parler en détail de chacune des fleurs résistantes qu'on découvre dans les entrailles de notre globe terraqué... et dans les autres, sans doute. Nous décrirons leur beauté, nous dirons les jolies légendes et les contes gracieux auxquels elles ont donné naissance.

Et comme on a fait d'elles de précieux talismans, nous vanterons leurs vertus. Vertus que possèdent, je me hâte de le dire, de simples fleurs *véritables*, car il serait bien injuste de ne pouvoir se procurer qu'à prix d'argent, une plus ou moins réelle protection mystique.

Les hommes leur ont fait parler un langage symbolique; nous donnerons la signification particulière de chacune.

Ce n'est pas tout. Les anciens croyaient à la *lapidothérapie*. Les pierres rares passaient pour d'infaillibles guérisseuses dans certains cas.

Il ne faut peut-être pas sourire de la médication par les pierres fines, beaucoup d'entre elles ne possèdent-elles pas des propriétés magnétiques?

Les premiers hommes avaient une intuition quasi merveilleuse des rapports des choses entre elles. Ceux qui vinrent ensuite, qui savaient déjà, acceptèrent sans orgueil ce que la tradition leur révéla des observations de leurs devanciers, ou des résultats obtenus par l'*instinct*.

Des esprits sérieux ne dédaignent pas, en ce temps-ci, d'étudier la science de nos ancêtres. Penchés sur ces connaissances primitives, ils sont parfois surpris jusqu'au ravissement, en constatant quel degré de divination elles dévoilent. Très près encore de la nature, l'homme la comprenait bien, entrait facilement en communication avec elle.

Loin de dédaigner les tâtonnements, les premiers essais de l'intelligence humaine, les vrais savants s'inclinent avec respect devant ces travaux de déblaiement que les ancêtres ont accomplis pour eux. Et au milieu de toutes les choses rejetées, entassées de chaque côté de la route qu'on traçait, à mesure qu'on avançait, ils rencontrent parfois des découvertes qu'on a eu tort d'abandonner dans le chemin parcouru.

La lapidothérapie est d'ailleurs sans danger. c'est pourquoi nous pourrons la préconiser: peut-être utile, sûrement inoffensive.

SIGNIFICATION DES PIERRES
PAR LEUR COULEUR

Toutes les pierres d'une même couleur expriment déjà des idées générales, dont on retrouvera trace, plus loin, dans le sens attribué à chacune.

Toutes les blanches disent : pureté, — religieuse et autre, — foi, fidélité, joie. vie. Toutes les rouges : ardeur, force, amour divin, amour humain, charité ; les roses : modestie. Toutes les bleues : sincérité, constance, loyauté. Toutes les jaunes : divinité, soleil, gloire ; les oranges : imagination, enthousiasme. Toutes les vertes : espérance, immortalité, victoire. Toutes les violettes : vérité, passion, souffrance ; les lilas : faible amour. Les grises : pauvreté ; les brunes : pruderie ; les noires : favoritisme.

Les Arabes assurent que la pierre jaune donne
de l'éclat ; la rouge, de la vivacité ; la noire, de
la tristesse ; la verte, du bonheur (c'est la couleur du prophète) ; les blanches, de la noblesse.

Étonnez-vous donc que toutes les femmes
veuillent réunir l'arc-en-ciel dans leur écrin !

SYMBOLISME RELIGIEUX DES PIERRES

Il y a des bijoux sacrés : le pectoral du grand-prêtre égyptien était un pentacle. Et aussi la tablette de Gemmes, que le grand-prêtre hébreu portait sur la poitrine : le nom mystérieux de Dieu était diversement écrit sur chacune des pierres qui composaient le pectoral, et qui avaient une vertu magnétique.

L'Église représente les aspirations élevées de l'âme vers Dieu par le saphir; la charité par la calcédoine; la candeur par la sardoine et l'onyx : le béryl symbolise la science théologique; l'hyacinthe l'humilité; l'émeraude la foi incorruptible; le rubis la patience et la douceur.

On a consacré une pierre à chacun des apôtres ou, plutôt, une pierre représente symboliquement chacun des douze apôtres. Le

jaspe, saint Pierre ; le saphir, saint André ; la
calcédoine, saint Jacques ; l'émeraude, saint
Jean ; la sardoine, saint Philippe ; la cornaline,
saint Barthélemi ; la chrysolite, saint Mathieu ;
le béryl, saint Thomas ; la chrysoprase, saint
Thaddée, appelé aussi saint Jude ; la topaze,
saint Jacques le mineur ; l'hyacinthe, saint
Simon ; l'améthyste, saint Mathias.

Les dieux et les temples de l'Inde étincellent
de joyaux, c'est là qu'on trouve les pierreries
les plus belles ; et d'innombrables perles d'une
valeur immense ruissellent sur l'effigie des
déités terribles ou favorables.

LE CALENDRIER MINÉRALOGIQUE

Les anciens avaient pour ambition de réunir douze pierres, gemmes différentes, une pour chaque mois.

Elles étaient ainsi consacrées :

Le grenat à janvier.
La perle à février.
L'hyacinthe à mars.
Le diamant à avril.
L'émeraude à mai.
L'œil de chat à juin.
Le rubis à juillet.
La pierre de lune à août.
Le saphir à septembre.
L'opale à octobre.
La topaze à novembre.
La turquoise à décembre.

(Les Slaves ont apporté quelques modifica-
tions à ce calendrier. Pour eux, la pierre de
février est l'améthyste; ils consacrent le rubis
à mars (le mois rouge); ils ajoutent le saphir
au diamant pour avril: la cornaline est réservée
à juillet; ils donnent la sardoine à août, la
chrysolithe à septembre; et, avec la turquoise, ils
ont offert à décembre la malachite ou, à défaut,
la chrysoprase).

Les anciens voulaient posséder, au moins, la
pierre qui présidait au mois dans lequel ils
étaient nés. Rarement ils abandonnaient leur
« pierre de naissance ». Ils s'en paraient ostensiblement ou la cachaient sous leurs vêtements.

C'est une pratique remise en usage par les
femmes de ce temps-ci, surtout par les américaines. Remarquez bien : en juillet, par
exemple, vous ne les verrez parées que de rubis
et de cornaline. Elles changent tous les mois de
parure, ne sont-elles pas milliardaires? Et elles
pensent se créer ainsi une protection mystérieuse contre le mauvais sort.

Mais que les fillettes pauvres ne se désolent pas. Il est d'autres talismans aussi efficaces et qu'elles peuvent se procurer facilement. Nous les leur indiquerons quelque jour.

En attendant, nous recommandons aux hommes autorisés à faire des présents de valeur à une femme, d'offrir toujours à celle-ci, parmi les bijoux, la pierre consacrée au mois de sa naissance.

Les fiancés doivent faire le même choix pour la bague de fiançailles. Et ainsi, beaucoup d'entre eux seront débarrassés d'hésitations qu'ils m'ont bien souvent confiées.

L'AGATE, LE DIAMANT, LE CORINDON

Agate est un nom générique qui désigne un assez grand nombre de pierres opaques et de pierres demi-transparentes. Elles le doivent au fleuve sicilien Achates, auprès duquel on les trouvait en quantité. On les appela d'ailleurs fort longtemps *Acates*. Mais Ronsard écrivait déjà agathe.

« Et la scella d'une agathe engravée. »

C'est bien à la gravure que l'antiquité employa surtout l'agate. On sait qu'il existe d'anciens camées si beaux qu'ils valent une fortune, des intailles sur cornaline admirables et sans prix.

Il y a des agates *arborisées*, *herborisées*, *moussues*. Ce sont celles qui semblent enfermer dans leur pâte des figures d'arbres, d'herbes ou de mousses. Des agates *rubannées*, parce qu'après être sciées, elles paraissent présenter des bandes déroulées; des agates *mamelonnées*, dont les dessins forment des mamelons; des agates *zonées*; des agates *œillées*, des agates *entydres*, dans lesquelles on jurerait que tremblent des gouttes de rosées: des agates *figurées*, où l'on démêle des scènes, des figures, telle l'agate de l'anneau de Pyrrhus : on y voyait Apollon tenant sa lyre, assis au milieu des muses; cette scène, jeu de la nature, était aussi admirablement rendue que par l'outil du graveur et il semblait qu'un artiste l'eût disposée. Cette agate fameuse devint un talisman, qu'on enferma dans le temple de la Concorde.

— Le *diamant* est la plus pure, la plus lourde, la plus diaphane et la plus dure de toutes les gemmes. Elle est victorieuse du feu et des corps les plus résistants.

Les plus beaux diamants viennent de l'Inde et du Brésil. Ils ne sont pas toujours incolores, il y en a de jaunes, de verts, de bleus (ceux-ci très rares), de roses, qui coûtent plus cher que les incolores, s'ils sont d'une belle eau et sans défaut.

Le diamant ne doit pourtant tout son prix qu'au travail de l'homme. A l'état naturel, c'est un petit caillou à surface brute, raboteuse, terne, grisâtre. Mais on le divise suivant les lames dont il est composé, c'est en quoi consiste la taille.

On ne taille le diamant que depuis le xve siècle, dit-on. C'est le hollandais Louis van Bergen qui découvrit le secret de polir deux diamants par leur mutuel frottement.

Il y a deux façons de tailler les diamants. *En rose* pour ceux de peu d'épaisseur. « Cette taille présente à son sommet une pyramide à facettes triangulaires et une large base plate, dissimulée dans la monture. La taille *en brillant* est plus recherchée. Les diamants ainsi traités ont, à leur partie supérieure, une face ou table assez large, entourée de facettes triangulaires dites dentelles et de facettes en losange.

La partie inférieure se termine par une sorte
de pyramide, garnie aussi de facettes en pavil-
lons destinées à réfléchir la lumière qui a traversé la pierre, et cette pyramide est tronquée
par une autre table ou culasse. Les brillants
sont, toujours, montés à jour[1]. »

La taille *en rose* se subdivise en *rose de Hollande, rose du Brabant* et *demi-rose*. La taille
en brillant est dite *simple*, à *double taille, demi-
brillant*; il y a encore les *pendeloques*.

— Le *corindon* prend place immédiatement
après le diamant : sa variété rouge donne le *rubis
oriental*; la verte, fort rare lorsqu'elle est d'une
belle teinte, *l'émeraude orientale*; la jaune, la
topaze orientale; la bleue, le *saphir*. Ces variétés
sont elles-mêmes très divisées, comme on le
verra.

Quelques minéralogistes comprennent sous
le nom de saphir toutes les variétés et sous-
variétés de corindon.

1. E. Bosc, *Dictionnaire de l'art, de la curiosité, du
bibelot*.

LES AGATES

La *cornaline* est une agate unicolore. Elle est presque transparente et d'un rouge pur qui varie dans les nuances. Il existe des cornalines d'un rouge intense, d'autres qui ne sont teintes que de la couleur de la chair et, entre elles, toutes les dégradations des tons d'un point à l'autre. Il y a aussi une cornaline blanche. Elle est rare et on la considère comme un admirable porte-bonheur.

La **diaphanéité** de sa pâte fait la plus grande beauté de la **cornaline**.

C'est le Brésil qui nous envoie la cornaline. On ignore d'où les anciens tiraient celle qui servait à leurs superbes intailles.

Selon les uns, cette agate induit à la crainte, à la mélancolie, à la tristesse.... Mais elle a la

propriété d'augmenter la salive chez les enfants
et de calmer le flux du sang.

Pour d'autres, à condition qu'elle soit d'un
rouge foncé, elle est symbole de gaieté, de
bonheur, de joie, de paix, elle chasse les
pensées mauvaises, les idées tristes. (Les
superstitions ne se contredisent pas moins que
les proverbes, sagesse des nations.)

On connaît des agates jaune cire. Une autre,
la *chrysophrase*, est d'un beau vert pomme.
Quelques femmes la considèrent comme un
porte-bonheur. Pourtant une chrysophrase,
qui avait appartenu à la duchesse d'Étampes,
passa successivement dans les mains de Mary
Stuart, de Marie-Antoinette et de l'impératrice
Eugénie. On ne classera pas ces souveraines
parmi les femmes heureuses... jusqu'au bout.

La *sardoine* est de couleur orangée, ou
brune, ou fauve, ou rouge, ses tons sont très
doux. Mithridate possédait, assure-t-on. quatre
cents échantillons de cette pierre, qui fait
naître une amitié honnête entre les hommes

et les femmes, qui donne la félicité conjugale.

La *sarde* est rougeâtre, transparente, d'une fort belle teinte. Elle augmente le courage, aiguise l'esprit et rend l'homme joyeux « parce qu'elle purifie le sang et engendre des esprits très purs ».

La *sardonyse* offre à peu près la disposition de l'ongle sur la chair, en ce qu'elle est composée d'une couche de sarde et d'une autre couche blanche d'agate. Symbole de la chasteté et de la pudeur.

La *saphirine* est fort jolie, translucide, assez rare. Comme son nom l'indique, elle est bleue, mais d'un ton pâle. Elle provoque le sommeil. On doit la sertir d'argent parce qu'elle appartient mystiquement à la lune. Sa sœur, l'agate jaspée, pour la même cause, requiert le même encadrement.

L'agate *héliotrope* est d'un vert obscur, avec des veines ou des points rouges. Aussi l'a-t-on appelée souvent jaspe sanguin, *pierre de sang*.

L'anneau de Gygès, qui rendait invisible, avait son chaton orné d'une belle héliotrope.

Les *calcédoines* sont au moins de la famille des agates. Quand leur pâte est très fine, leur intérieur comme pommelé, elles sont dites orientales. Elles sont d'une transparence un peu troublée, blanches, blondes ou bleuâtres, blanc laiteux. Une de leurs variétés, dans sa composition quartzeuse, offre des bandes laiteuses qui alternent avec des bandes foncées. Elles font gagner les procès. Elles chassent les fantômes nés de l'hallucination. Celui qui porte une calcédoine triomphe de l'invisible.

L'*onyx* mérite une mention pour la gracieuse origine que lui donne une fable dont il tire son nom, qui signifie ongle. Vénus s'était endormie. Survint l'Amour. Il imagina de couper les ongles de sa mère avec le fer de l'une de ses flèches; puis, ses fonctions de manicure accomplies, il s'envola pour aller commettre ailleurs d'autres espiègleries. Les Parques ramassèrent alors les divines rognures de ces ongles qui ne pouvaient périr et les transformèrent en onyx. Voilà pourquoi les poètes qui vantent les ongles rebondis, qui ont le poli et la dureté de l'onyx (deux qualités indispensables pour leur beauté), disent qu'une femme a des ongles d'agate.

Il y a des onyx translucides. Mais l'agate onyx peut être considérée comme une réunion de calcédoine, de sardoine, de cornaline, disposées en couches parallèles.

L'onyx est symbole de tristesse, deuil et peur, surtout s'il est noir. Alors, c'est la charmante variété de cette agate, l'*onicolo* (petit onyx); on dit nicolo pour aller plus vite. Le fond du nicolo est noir, mais sa couche supérieure est d'un bleu ardoise pâle, ou bleu turquin foncé: *velo turquino* (voile bleu turquin).

L'ancienne lapidothérapie croyait que l'onyx arrête les hémorragies. Mais on disait aussi qu'il cause l'insomnie, évoque les fantômes et les spectres, excite les querelles. Aussi bien, il signifie discorde. Toutefois il rend chaste, et c'est une *pierre de lumière*.

Les agates *œillées* sont particulièrement belles. Elles donnent l'*œil-de-chat* ou *chatoyante orientale*. Cette agate peut se présenter sous diverses couleurs, mais la plus ordinaire est une teinte verdâtre. Elle est translucide, avec des reflets nacrés qui partent du centre de l'agate et lui donnent ainsi l'aspect de l'œil du chat. Très recherché pour sa valeur, l'œil-de-chat porte bonheur. Il donne santé, richesse, longue vie. Les Hindous qui le considèrent comme le séjour des génies, en font une pierre sacrée. Celui qui la possède y tient plus qu'à tous les autres trésors.

Cette agate protège contre le mauvais œil (qui est l'*œil envieux*). Si on la passe de temps en temps sur les yeux des gens affligés de la petite vérole, elle préserve l'organe de la vue des atteintes de la terrible maladie.

Les Assyriens l'appelaient *œil de Bélus* et

l'avaient consacrée à ce dieu. Les très beaux œils-de-chat ont des cercles bien distincts, Pline en décrivait un en ces termes : « La figure d'un globe blanc et la prunelle noire d'un œil, il brillait d'une lueur enflammée. » On en trouve d'un jaune vif ou mordoré, de vert et gris. Les autres agates œillées sont l'*œil-de-lion* et l'*œil d'Adad*, dieu des Syriens.

Le *jaspe* est riche en variétés, c'est la Sicile qui donne les plus beaux. Il est tantôt rouge, brun, jaune, vert, etc., etc., de couleurs mélangées, comme celui de Sibérie, vert et violet, vert foncé, semé de taches opaques, rouge intense. C'est le jaspe sanguin le plus beau. Et il est encore zoné, rubanné, tigré, etc.

C'était l'agate sacrée de l'île de Crète ; une pierre de mystère chez les Hébreux.

Le jaspe confère l'éloquence (il faut l'offrir aux prédicateurs, aux conférenciers, aux avocats). Il préserve de la morsure des bêtes venimeuses, favorise la fécondité, guérit la langueur, défend contre le mauvais œil.

Galien guérissait les maladies d'estomac par l'application du jaspe.

La *corne d'Ammon* est une ammonite convertie en agate. Ce caillou couleur d'or procure les rêves prophétiques, les rêves divins, si on le dispose sous son oreiller.

Nous avons voulu donner les vertus, talismaniques et autres, particulières à chaque agate. Mais, en général, l'agate, l'agate quelconque, signifierait joie, courage, bonheur et prospérité. Elle cuirasserait le cœur contre les luttes de la vie. (Ah ! portons-la tous !) Elle fait naître la clémence, la justice, la patience, la raison. Alors qu'y a-t-il d'étonnant à ce qu'on respecte, vénère celui qui la possède ? Elle préserve de la peste, guérit de la morsure des bêtes rampantes, des scorpions et des araignées. Les aigles, disent les vieux naturalistes, transportent une agate dans leur nid pour prémunir les aiglons contre tout poison.

Qui porte une agate ne sent pas la soif, sa vue se fortifie beaucoup. Cette *bonne* gemme qui

sympathise avec les heureux et les infortunés
dépose le sourire sur les lèvres et les roses sur
les joues, avec la gaieté, elle donne la santé.

Mahomet a reconnu qu'elle préserve des
peines et des chagrins.

Shakespeare compare la reine Mab à cette
pierre : « Pas plus grosse qu'une agate au doigt
d'un alderman. »

L'agate est consacrée à la planète Jupiter.

L'AIMANT

La « pierre d'aimant » n'est pas étincelante comme le diamant, mais comme la gemme aux mille feux, elle tire son nom par contraction du grec *adamos, adamantos* (diamant), étant, elle aussi, d'une extrême dureté.

Au dire des nombreux auteurs, la pierre d'aimant aurait de telles vertus et de telles propriétés, qu'elle pourrait prendre rang parmi les plus précieuses. Si, sous son air modeste, elle possède une telle puissance, on devrait bien la sertir d'or et la porter à titre de talisman, et aussi pour lui faire exercer son action curative.

Les anciens l'appelaient « pierre herculéenne »: Pline la rangeait parmi les plus remarquables et désirables.

Les Arabes croient que, si on se noircit les

paupières avec de l'aimant, on attire l'amour de la personne qu'on aime. Ils assurent encore que, si l'on porte de l'aimant, on constatera en soi un accroissement d'intelligence et qu'on verra tous ses souhaits accomplis. Enfin, toujours selon eux, l'aimant facilite l'accouchement et, s'il est absorbé (réduit en poudre) par les gens empoisonnés, il détruit l'effet du toxique.

Les Égyptiens aussi attribuaient à l'aimant une vertu merveilleuse.

Les goutteux verraient disparaître la douleur, s'ils tenaient dans leur main une pierre d'aimant. Les maux de tête se guériraient de la même façon. Le docteur Récamier a préconisé l'aimant contre les névralgies, lui a reconnu des propriétés sédatives et antispasmodiques.

L'ALEXANDRITE

C'est une pierre étrange. Elle est d'un vert profond; on la taille, on la polit et elle obtient ainsi un lustre superbe.

Au grand jour, aux rayons du soleil même, l'alexandrite n'a pas d'autre beauté que le luisant, l'éclat que lui a donné le frottement. Mais regardez-la lorsqu'un trait de lumière artificielle l'atteint. Voici que des lueurs rouges s'échappent de son fond obscur. On dirait d'un rubis. Elle est transformée soudain, elle est magnifique.

Aussi les joailliers lui donnent-ils un entourage de diamants ou de topazes.

Elle est le symbole des vertus cachées au

fond de l'âme et qu'un rayon d'affection fait resplendir.

Elle donne la force aux timides; elle fait deviner le mérite.

On dit que c'est au Tzar Alexandre II qu'elle doit son nom.

L'AMBRE

Cette belle substance, qu'on appelait « don du soleil », « verre de la mer », « pleurs des oiseaux de mer », passait dans l'antiquité pour des larmes fraternelles, durcies et dorées par le soleil.

Les poètes racontaient que les Héliades, filles d'Apollon, avaient conçu un tel désespoir de la mort de leur frère Phaéton, que par pitié, les dieux les avaient changées en peupliers, croyant les rendre insensibles à leur malheur. Mais de l'écorce des arbres sveltes avaient coulé les pleurs merveilleux dont l'humanité se pare.

Cette fable n'atteste-t-elle pas l'intuition que possédaient les anciens? C'était bien d'une gomme qu'il s'agissait, on se trompait seulement en ce qui concernait l'essence de l'arbre qui l'avait fournie.

L'ambre s'est formé dans le règne végétal comme on l'avait deviné; il provient des immenses forêts de conifères géants qui ont dû couvrir la terre à l'époque antédiluvienne, et dont on ne retrouve trace qu'en Californie.

Les côtes de la Baltique, — où le mouvement des eaux le dépose, — fournissent toujours l'ambre en abondance, quoique ce soit à cette source que le monde s'approvisionne depuis de longs siècles.

Le plus anciennement qu'on parle de l'ambre, c'est en Égypte, où on le trouvait sur les rivages. C'est celui-là qui entrait dans la composition de l'encens que Moïse prescrivait de brûler devant le tabernacle.

Les premiers spécimens de joaillerie étrusque sont des fragments d'ambre sculptés.

Homère ne parle que de cette seule gemme. C'était alors le suprême ornement des héros et des princesses. Ne voit-on pas Enrymachus, un

des nombreux prétendants de Pénélope, appor-
ter à la fidèle épouse d'Ulysse un collier d'ambre jaune, garni d'or, doublement éclatant,
comme le soleil. Le présent lui paraissait sans
doute infaillible pour attirer l'amour. Et, en
effet, le joli minéral translucide étant électrique aurait bien le pouvoir d'exciter la sympathie d'autrui pour celui qui le porte.

Au xviie siècle, des fiancés princiers échan-
geaient des bijoux d'ambre en signe d'engagement. Guillaume de Saxe-Weimar offrait à la
princesse Charlotte de Saxe un amour d'ambre
décochant une flèche. Elle pouvait suspendre le
bijou à son cou. En échange, la fiancée donnait
au prince une main d'ambre tenant un *vergiss-
mein-nicht* entre le pouce et l'index.

On dédaigne un peu, aujourd'hui, ce don de
surprenante beauté, qui était en faveur auprès
de Néron. Célébrant sa femme Poppée, ne dit-il
pas que sa chevelure était couleur d'ambre? Et
l'on voit cette tête altière et coquette ornée
d'adorables cheveux blonds.

4

Eh bien! Poppée aurait pu être brune comme le soir. L'ambre connu des anciens allait de la couleur de la primevère (coucou), au noir de jais, en passant par les teintes or, cire, vin de Falerne, châtaigne, selon l'espèce de pin, cèdre ou sapin qui l'avait fourni. On compte, au reste, douze nuances d'ambre.

La médecine antique estimait par-dessus tout un ambre blanc et le *Falernum*. Il devait avoir l'odeur du romarin, — et bien attirer la paille, propriété qui lui aurait valu, assure-t-on, le nom de *Karabe* que lui donnent les Arabes.

Broyé avec du miel et de l'huile de roses, on l'employait contre la surdité; avec le seul miel de l'Attique, contre l'obscurcissement de la vue. Il guérissait aussi les crachements de sang, la dysenterie.

Les anciens reconnaissaient encore à l'ambre d'autres propriétés occultes. Ils avaient remarqué l'action bienfaisante sur la santé du parfum qu'il exhale en brûlant. Nos ancêtres découvraient, dans la résine fossile, ces mêmes vertus

que nous attribuons aux vivantes forêts de
pins.

Et, en ces temps où tout était légende, les
Estyens, appelés « moissonneurs d'ambre »,
fouillaient la mer pour recueillir le succin, dont
on disait que des blocs dorés flottaient à la surface des eaux, à la première lune de printemps.

On continue à brûler l'ambre, — l'ambre de
la Baltique, aujourd'hui, l'ambre du nuageux et
poétique pays d'Odin, — devant les châsses bou-
dhistes, devant l'autel des aïeux du palais de
Pékin, dans les mosquées de La Mecque. Les
forêts mortes de l'Europe préhistorique fournissent l'encens à la vieille Asie.

On ne voit plus guère l'ambre que sous forme
de collier, et au cou des petits enfants. Les
mères veulent les préserver ainsi des maux de
gorge...., et il ne faudrait pas sourire : la science
a reconnu qu'une extrême chaleur se développe
dans l'ambre au contact de la peau humaine, et
le cercle d'électricité, ainsi maintenu, fait au cou

des bébés une véritable défense contre le froid.
Dans le nord de l'Italie, on le portait, on devrait
peut-être le porter encore comme un remède
préventif contre le goître.

On assure que l'ambre est réfractaire à toute
contamination. C'est pourquoi on demande au
fossile exquis le tuyau du narghileh, ce symbole
social de l'Orient, qui passe de bouche en
bouche, comme la coupe d'amour. L'ambre est
donc un préservatif contre les venins secrets.
Les tendres superstitions de l'antiquité à l'égard
de l'ambre sont de celles qui auraient dû le
mieux se perpétuer.

Quels ravissants bijoux on en ferait encore,
soit qu'on l'employât seul, soit qu'on le mélan-
geât à la douce turquoise. Un joaillier nous
l'avait rendu, il y a quelques années, sous forme
de broches qui portaient bonheur. Cet ambre-là
renfermait des herbes ou des insectes parfaitement conservés, qui avaient été ensevelis dans
l'or transparent et les parfums de la délicieuse résine, alors qu'elle était fluide encore.

Dans le langage mystique, l'ambre signifie beauté, douceur, tendresse. Passez-en donc un collier au cou de la bien-aimée.

4.

L'AMÉTHYSTE

Cette jolie pierre, couleur de passion et de souffrance, est variée dans ses nuances : elle va, par plusieurs tons, du lilas tendre et gai, de la teinte des premières violettes un peu pâles (améthystes communes), au violet sombre et pourpré (améthystes corindon). Les plus belles, qui sont les plus foncées et les plus veloutées, nous viennent de Cambay, de l'Inde, de Ceylan, de la Sibérie, de la Perse, du Brésil. Carthagènes et les Alpes nous fournissent les autres.

Quelques auteurs prétendent que les anciens appelaient l'améthyste *Pierre de Vénus*, et, pour eux, elle attire à l'homme l'amour de la femme qu'il aime. Pourtant c'est à Bacchus qu'elle était consacrée, en raison de la propriété qu'on lui attribuait de chasser les fumées du vin. Les graveurs antiques ne reproduisaient-ils pas sur des améthystes les traits du divin Dionysius ?

Les Romaines aimaient beaucoup cette pierre, à laquelle quelques personnes donnent la signification de « Martyre d'amour ». Mais bien plutôt que pour ce symbole, l'améthyste était recherchée des patriciennes parce qu'elle est extrêmement seyante blanchissant beaucoup la peau sur laquelle elle brille de doux feux.

C'est une améthyste qui ornait la bague de mariage offerte à la Vierge par saint Joseph. Pour les Hébreux elle est pierre du Mystère. Nous l'appelons *Pierre d'Évêque* parce qu'elle forme le chaton de l'anneau pastoral des prélats mitrés, anneau à eux donné par le pape, comme un symbole de pouvoir.

On voit que c'est une gemme dont beaucoup de religions font grand cas.

Elle signifie science, humilité, sincérité, et aussi Mystère.

Sa principale vertu serait de préserver de l'ivresse. Aussi la mêlait-on aux couronnes de roses, de lierre et de ruban que l'hôte romain offrait à ses convives pour la durée du festin. Son nom est du reste formé d'un mot grec qui veut dire : « N'est pas ivre ».

Appliquée au centre de l'abdomen, l'améthyste y attire les vapeurs de l'ivresse, dégageant ainsi le cerveau.

Elle met aussi en fuite le désir de boire et les mauvaises pensées ; elle incite à la chasteté, attire la faveur des grands à celui qui la possède, écarte les maléfices, dissipe les prestiges et bannit la tristesse. Elle rend l'épouse féconde. Cependant on lui fait un reproche, elle exciterait les songes fâcheux.

LA CHRYSOLITHE

Le nom de cette gemme veut dire *pierre d'or*, et conviendrait mieux à la topaze, à laquelle, du reste, les anciens l'avaient donné.

Le péridot et l'apatite sont souvent aussi baptisés chrysolithe, et ce sont des confusions qu'on devrait éviter, en classant les pierres comme les fleurs par familles.

La chrysolithe est une pierre fine, d'un jaune verdâtre et transparent. Le moyen âge la nommait *cymophane*, les minéralogistes l'appellent encore ainsi.

L'auteur du « Propriétaire des choses » écrivait d'elle en 1372 : « Crissolite est une pierre d'Éthiopie, qui reluits comme or et étincelle comme feu, et a la couleur de la mer, qui décline à verdure. » En 1600, on l'estimait encore beaucoup : « La chrysolithe a un verd qui la fait riche ; autrefois, c'était la plus prisée des pierreries. Quelques-unes tirent au béryl verd doré. »

La chrysolithe guérit de la folie et fait naître le repentir dans les cœurs coupables. « Enchâssée dans le métal qui lui correspond, dans l'or, dit Émile Michelet, elle chasse les fantômes, la peur, la hantise des insomnies, les nocturnes paniques, l'angoisse mystérieuse,

Qui comprime le cœur comme un papier qu'on froisse.

« Ces forces de la nuit, fortes sur les âmes faibles, la chrysolithe les met en fuite. »

Cette pierre a un autre grand pouvoir, elle console.

Sa signification est sagesse, elle est le symbole de la santé.

LE CORAIL

Le corail a quatre couleurs : blanche, rose, rouge, noire.

Le corail blanc est, croit-on, le corail femelle ; le rose et le rouge sont les plus beaux : le noir, couleur d'ébène, doux et poli, s'est appelé *antipathes*.

Le corail rose est le corail d'Italie, de Naples plutôt.

En grec, corail signifie « l'ornement, la plus belle production de la mer ». On l'appelle encore *lithodendron*, « arbre de pierre ».

On trouve le corail dans la Méditerranée, surtout sur les côtes d'Algérie, où il forme de véritables jardins voilés par les flots. C'est un arbrisseau à la fois minéral et animal : quand la main de l'homme brise une branche de cet arbrisseau, il détruit mille vies innocentes.

Le corail est formé par une foule d'animal-
cules qui édifient des forêts sous les vagues. Ces
forêts leur servent de *home* tranquille et doux,
jusqu'au jour où leur calme existence, obtenue
par l'effort et le travail, est bouleversée par l'industrie odieuse de l'homme.

Oui, le corail vit. Il est tantôt mâle ou femelle,
tantôt hermaphrodite. Comme le papillon, il
subit une métamorphose. Mais agile et actif
quand il n'est encore qu'une larve, il perd sa
liberté lorsque ayant atteint l'état parfait, il vient
s'attacher au rocher.

Ce n'est donc pas sans remords qu'on peut
porter la belle parure fournie par le corail, quand
on sait ce qu'on sème de morts pour obtenir
ces colliers, ces bracelets qui rehaussent les
beautés brunes. On n'a qu'à se représenter la
désolation où l'on réduit les charmants paysages
sous-marins, la ruche qu'habitaient des fleurs
vivantes, en forme d'étoiles.

Mais de tout temps, on a été sans pitié. Les

Romains et les Gaulois, qui ornaient leurs casques de grains de corail, croyaient se procurer un talisman, qui préservait des maladies et du malheur. On en formait des colliers aux enfants pensant aider à leur dentition, et pour les protéger contre le mauvais œil, « l'œil envieux ». Les Italiens, comme défense aussi contre la jettatura s'en composent des amulettes, ils lui donnent la forme d'une petite main dont l'index et le petit doigt sont seuls ouverts et étendus.

Le corail a bien d'autres vertus: il éloigne les terreurs paniques et les mauvais génies; il détourne des pensées meurtrières. Il enlève aux enfants toutes craintes nocturnes et chasse les rêves turbulents. Il calme l'orage et la tempête, il apaise la tourmente et la fureur des vagues; il préserve de la foudre et de la grêle.

Enfin, le corail donne à tous raison et prudence. Il inspire la gaieté et rassérène l'âme.

Il guérit les maladies d'yeux et chacun connaît ses propriétés en tant que dentifrice. Pulvérisé, mélangé au vinaigre et appliqué sur une plaie, il en arrête la tuméfaction. Il aurait encore le pouvoir de faire cesser l'hémorragie.

On fait avec le corail d'adorables bijoux, lui adjoignant parfois des perles ou des brillants. La reine Marguerite d'Italie possède un collier en corail rose de Naples, qui lui est aussi précieux que le fameux collier de perles auquel le roi Humbert ajoutait un rang chaque année. C'est son fils qui le lui a composé autrefois, rang à rang aussi, de ses économies d'enfant.

Le corail sert encore à composer des chapelets pour les pèlerins de la Mecque. Les Orientaux en décorent leurs armes. Il sied admirablement à leurs femmes, qui savent bien l'employer dans leur parure.

Le blanc signifie retenue, modestie; le rose, pudeur; le rouge, bonté, courage; le noir, force, fermeté.

LE CRISTAL DE ROCHE

Le cristal mérite une place parmi les pierres rares, en ce qu'il est, au reste, le quartz hyalin incolore.

On le taille pour en faire des objets de parure qui n'ont pas certainement grande valeur, mais qui conviennent aux jeunes filles. Les morceaux de cristal roulés par les flots sont les plus beaux : tel *le caillou du Rhin* qui, artistement serti de vieil argent, devient un fort joli bijou.

Le diamant d'Alençon est un cristal de roche jaune ou blanc d'une grande limpidité. Mais c'est l'île de Madagascar qui fournit le plus pur cristal.

Les Malgaches portent, à titre d'amulette, des morceaux de cristal enfilés par une ficelle. En Australie on se met à l'abri des maléfices en employant des aiguilles de cristal. Les Écossais ont aussi très grande confiance en des morceaux de cristal ayant une forme ronde, ovale ou hémisphérique. Le 1er mai, ils les déposent dans des vases pleins d'eau, et, de cette eau, aspergent légèrement le bétail pour le soustraire aux sortilèges.

On dit que de porter un bijou de cristal (glacé, froid), procure le calme des sens. Le cristal donnerait aussi le sommeil et les bons rêves. Il augmenterait encore le lait des nourrices, apaiserait le mal de tête, rendrait le cœur gai, réjouirait l'esprit, guérirait la folie.

Sa signification est transparence d'âme.

Le poète oriental compare le cou de la bien-aimée au cristal : « Son cou est comme du cristal. »

En Amérique, on lit l'avenir dans ou à travers un morceau de cristal, comme font d'autres oracles, au moyen du marc de thé ou de café.

LE DIAMANT

En France, la première femme qui porta
un collier de diamants fut Agnès Sorel.
La richesse de ce collier surpassait tout ce
qu'on avait connu jusqu'alors, et sa hauteur
était si incommode que l'amie du roi avait baptisé cet ornement : *mon carcan*. Elle brodait
aussi son hennin de diamants et elle en plaçait
encore dans ses beaux cheveux. Charles VII
avait eu l'idée de rehausser ainsi les charmes
de la Dame de beauté.

Au temps de la belle Gabrielle, la rivière de
diamants s'appelait « chesne de diamants »;
l'inventaire de la mie du roi Henri en témoigne : « Une chesne de diamants contenant
trente-deux pièces, sçavoir huict chiffres du
roy et de Madame la duchesse; huict grandes

pièces faites en enseigne; au milieu de chacune, y a un diamant à seize nœuds, garni aussi de diamants, et au milieu, y a un diamant plus grand que les autres, prisé douze mille écus. »

A cette époque-là, on prétendait que le diamant avait la propriété d'en engendrer d'autres. « Une princesse de la famille des Luxembourg en possédait deux, dit Bootius, qui en produisaient d'autres, en certain temps. » C'est bien dommage, n'est-il pas vrai? que de nos jours on n'ait plus de diamants doués de cette vertu de reproduction. Pourtant, on en porte toujours tant, qu'on pourrait croire à cette fable.

Avec les écrins de diamants des Américaines milliardaires, on achèterait des provinces. Les princes Esterhazy possédaient des brillants en quantités innombrables et d'une beauté incomparable, c'était la merveille du temps. Mais ils ne les gardèrent, non plus que leurs autres joyaux, que pendant trois quarts de siècle.

Les shahs de Perse se sont toujours distingués par un luxe exorbitant, asiatique ; ils ruissellent de diamants. La poignée de l'un de leurs sabres est incrustée de diamants dont le plus petit a la dimension d'un ongle d'homme.

D'ailleurs, l'imagination orientale exulte quand il est question de cette gemme, et la grossit extraordinairement. « Maaouya, écrit un Arabe, fit don à Aïcha, femme du prophète, d'un collier d'or massif, au milieu duquel brillait un diamant énorme, qui valait 10.000 dinars d'or. Cette pierre, trop grosse pour une seule femme, fut divisée entre toutes les autres femmes de Mahomet, et chacune en eut un morceau considérable. »

Le diamant occupe décidément parmi les pierres le premier rang, le rang suprême. Les récits bibliques sont pleins de ses mérites. Le grand pontife Aaron portait au doigt un diamant doué du don de divination. Il noircissait quand les Hébreux péchaient ; il prenait des teintes sanglantes quand ils méritaient la mort, mais redevenait pur et étincelant en face des innocents.

Il a toujours un attrait irrésistible. Émile Michelet dit de lui : « Il agit fortement sur l'organisme féminin, le sollicite en une délicieuse exaspération. Il y a dans le feu aigu, le bleuâtre éclat du minéral, un je ne sais quoi de sidéral d'éperdu, de stellaire, devant lequel s'épanouit, se grise l'âme de la femme.... Et, pour elle, ce *joyau*, c'est de la *joie.* »

Je voudrais donner toute cette page d'un écrivain qui possède un tel don d'expression, un tel sentiment poétique. Il parle de l'âme des gemmes et s'écrie que l'âme du diamant est « plus impénétrable que la plus obscure âme de femme ».

« Le diamant, ajoute-t-il, semble une matière sublime, invinciblement pure, impassiblement altière. » Il serait, d'après le philosophe-poète que nous citons, le symbole du sage qui a dépouillé toute passion, qui vit dans l'absolu, en pleine intellectualité.

« Comprendra-t-on, demande-t-il, l'apologue qui accorde au diamant la vertu de donner paix et sérénité? »

On appelle le diamant *adamas* (l'indomptable). On le nomme encore *le solitaire*, parce qu'il ne se laisse pas pénétrer par les courants magnétiques.

L'éclat extraordinaire du diamant est dit *éclat adamantin*; mais est-ce seulement la fulgurance de cet éclat qui recommande le diamant à la faveur de la femme?

Non, elle croit qu'il rend fidèle aux engagements (son nom n'est-il pas formé, en grec, de mots signifiant « *Ne rompt pas* »?) Aussi aux xve et xvie siècles, était-il très estimé en Italie, comme ornement de l'anneau de mariage... ayant le mystérieux pouvoir de faire aimer, de rendre le bonheur indissoluble entre les époux. Et *l'alliance* étant désormais tout unie, les jeunes filles ont désiré que le chaton de leur bague de fiancée fût procuré par la gemme merveilleuse. Elles savent que, si une querelle vient à ennuager le ciel conjugal, elles pourront user du pouvoir de *la pierre de la réconciliation*.

Là ne s'arrête pas la puissance du diamant. Il rend l'homme fort et courageux. C'est pour cette raison qu'il était appelé *anachytis* par les Grecs. Si la figure du dieu Mars, sous la planète du même nom, ou celle d'Hercule dominant l'hydre, se trouve gravée sur l'admirable pierre, celui qui porte ce diamant est invincible.

Beaucoup de peuples ont cru que le diamant est la demeure de l'esprit du roi. Quand le Koh-i-Noor tomba en la possession de la couronne d'Angleterre, les Hindous abandonnèrent l'espérance de reformer leur ancienne puissance.

Mais, encore, « il purifie le sang, dit un vieil auteur, annihile le poison, défend contre les épidémies, dissipe les agitations de l'esprit qui proviennent de visions effrayantes, fait évanouir les prestiges et les enchantements, et reculer les loups-garous, les succubes, les incubes ».

Et Boèce de Boot, dans son *Parfaict iouillier*
(Lyon, 1644) recommande de le porter du côté
gauche, afin de l'opposer aux sortilèges, de
détourner la fascination. Il dit encore que la
mère qui attend un enfant doit, pour protéger
la naissance de celui-ci, attacher à son cou
un collier de diamants à reflets verts.

Les vieux manuscrits vantent son pouvoir de
préservation contre la morsure des animaux
féroces et venimeux, contre le couteau des
assassins.

Et puis, il nous protège contre nos ennemis,
paralyse leurs efforts, détruit leurs embûches...
nous délivre des soucis — oh! précieuse
gemme! Mais c'est à condition que nous de-
viendrons purs et calmes, intrépides et fiers.
« Alors, dit Émile Michelet, notre cœur vraiment cuirassé de diamant, sera à l'abri du
poignard des destins. »

Les Arabes, aussi, assurent qu'il donne la
paix à l'âme, la joie au cœur, la beauté au
visage. Comment les femmes ne l'aimeraient-

elles pas? Elles ont deviné tout ce qu'il procure de bonheur.

Mieux que tout cela, encore, il préserve des remords, c'est-à-dire des mauvaises actions dont on se repent toujours.

La médecine arabe l'a beaucoup employé. Un écrivain maure raconte qu'on faisait moudre la dure gemme et qu'on appliquait cette précieuse poudre sur les plaies des princes.

On gardait, autrefois, au château de Viriville, dans l'Isère, un diamant qui guérissait de la cataracte. On venait de cent lieues lui redemander la vue. Ce diamant aurait été légué à perpétuité par les anciens possesseurs. Il doit passer, avec le château, entre les mains de chaque nouveau propriétaire et servir toujours à cet usage bienfaisant.

Par ses feux, le diamant peut produire le somnambulisme..., l'hypnotisme. Je ne crois pas que la science nie cette propriété de la pierre étincelante entre toutes. Mais comment accueillerait-elle l'assertion d'un vieil auteur, qui raconte qu'il y a antipathie entre l'aimant et le diamant : un diamant, placé près de l'aimant, empêcherait ce minéral ferrugineux d'attirer le fer?

Les superstitions dont nous entourons le diamant nous ont été laissées par une race plus ancienne que celle de la Rome antique. Quelques auteurs prétendent que les Romains n'ont pas connu le diamant; d'autres, au contraire, affirment qu'ils croyaient fermement que le diamant, porté au bras gauche, préservait des cauchemars et de la folie. De plus, avant de toucher au vin qui leur était versé par une main étrangère, ils le regardaient à travers un diamant. Le diamant était-il dans son état naturel, ils buvaient sans crainte. Troublé, comme humide, il dénonçait la présence du poison.

Symbole de l'amour, le diamant signifie foi, constance, fidélité, innocence aussi. Pour les sages, il représente l'absolu de la pureté et de la force.

L'ÉMERAUDE

L'émeraude est appelée *pierre aux trois figures* en raison de ses trois variétés (qui se subdivisent encore) : aigue-marine, béryl, émeraude proprement dite. Celle-ci a plus de valeur que les autres, surtout si elle provient des Indes, du Pérou ou du Brésil, car elle est, alors, émeraude orientale, c'est-à-dire un corindon. Moins grosse que les émeraudes trouvées dans les autres contrées, elle a pourtant un tout autre prix, entrant dans la catégorie des gemmes très rares et très précieuses.

Pour être parfaite, l'émeraude ne doit être ni nuageuse, ni glaceuse. On la veut transparente, d'un vert de prairie translucide et très pur, brillante, dure, résistante, « grosse comme aveline ». Selon leur plus ou moins de beauté,

on divise les émeraudes en Prasines, Néro-
nianes et Domitianes.

Les lapidaires les taillent en table carrée,
simplement biseautée sur les bords, et les joailliers les montent à jour, quand leur teinte est
bien franche.

C'était du Mont-Zabarah, dans la Haute-
Égypte, que, dès le temps de Sésostris, les anciens tiraient l'émeraude. Elle formait une des
parures des sujets des pharaons, ainsi qu'en
témoignent celles qu'on a retrouvées sur les
momies de cette époque. C'était, d'ailleurs, une
gemme connue quand Moïse écrivait le livre
de l'Exode. Une large émeraude où le nom de
Dieu était gravé, agrafait l'éphod du grand-
prêtre des Hébreux, et une même pierre occu-
pait le deuxième rang au rational, dans la
colonne du Mystère.

Les Grecs ont parlé d'émeraudes énormes,
mais ce devaient être de fausses pierres,
comme l'émeraude adorée dans une vallée
du Pérou, grosse comme un œuf d'autruche

et à laquelle on offrait d'autres émeraudes.

On a des intailles grecques sur émeraudes. Lorsque Lucullus de somptueuse mémoire aborda à Alexandrie, Ptolémée lui offrit comme présent de haute valeur son portrait gravé sur une émeraude. On a conservé ainsi l'image d'Amymone, une des Danaïdes.

La femme de Caligula, Lollia Paulina, adorait les émeraudes autant que les perles.

Pline parle en poète de la belle gemme verte : « La lumière qu'elle lance en rayons aussi vifs que doux, semble brillanter l'air qui l'environne et teindre, par son irradiation, l'eau dans laquelle on la plonge. » C'est lui qui raconte que Néron regardait à travers une émeraude les féroces jeux du cirque et les combats de gladiateurs.

C'est une émeraude aussi qui ornait l'anneau d'un tyran qui, effrayé de son bonheur persistant... et non mérité, sans doute, jeta à la mer le joyau inestimable, dans l'espoir de conjurer le Destin. Mais le Destin n'était pas encore las

de le voir heureux, car le lendemain, et non
sans qu'il en éprouvât une terreur intense, le
tyran retrouva la bague au précieux chaton
enseveli dans les flancs d'un poisson servi sur
sa table.

Le moyen âge et la Renaissance ont aussi
beaucoup aimé l'émeraude : Charles V possédait vingt spécimens de cette gemme ; elle est
citée également dans les inventaires des ducs
d'Anjou et de Berry, dans celui de Charles-
Quint.

Le shah de Perse remue les émeraudes à la
pelle, bien entendu ; enfin il en possède plus de
cent et des plus grosses. Sur l'une d'elles, la
plus large, est gravé le nom des rois qui l'ont
portée.

« Je te salue, émeraude, pierre des mages ! »,
s'écrie Émile Michelet. Et il nous apprend que,
favorisant la divination, elle brillait au front
des druidesses, au milieu de la couronne de
verveine. Il ajoute que ceux qui pénètrent le

mystère confrontent leur vision profonde à l'éclat de l'émeraude, et qu'autrefois, les voyants qui savaient soulever le voile de l'avenir, plaçaient cette pierre sous leur langue, avant de prononcer leurs oracles.

Saint Jean ne parle-t-il pas aussi de l'émeraude dans son Apocalypse!

Aussi dit-on qu'elle éclaircit l'intelligence, procure la lucidité de l'esprit, facilite l'accès des sciences, le triomphe sur soi-même, donne force, activité, énergie, résistance aux coups du sort, doue d'éloquence, attire la renommée. Elle symbolise l'inspiration et la sagesse.

On la dénomme aussi *Pierre des Vierges* (si celle qui la porte cesse d'être chaste, l'émeraude se brise).

Et que d'autres vertus ne lui attribue-t-on pas? Elle procure les biens de ce monde, elle apaise les vagues en courroux. Elle ranime la vieillesse. Elle adoucit les souffrances et hâte la délivrance des femmes en mal d'enfant. Elle repose la vue, elle la conserve même, la fait recouvrer. Il n'y a que le serpent que son éclat aveugle. Elle préserve de la lèpre et du mal Saint-Jean. Elle délivre les possédés. Elle combat l'action du venin, enfin elle calme l'épileptique.

Et encore, la gemme charmante, qui est évocatrice des prairies, favorise l'amour, développe l'amitié naissante, incite aux tendres vertus de constance et de fidélité, signifie espérance.

L'aigue-marine, aux nuances changeantes, d'un vert bleuâtre qui rappelle l'eau de mer, fait penser, n'est-il pas vrai? aux ondines et aux sirènes. La plus belle qui soit connue, orne la couronne royale d'Angleterre. Elle mesure près de 6 centimètres de diamètre.

Notre Bibliothèque nationale possède aussi un très beau spécimen de cette pierre, sur laquelle un artiste grec a gravé le portrait de la fille de Titus. Cette intaille, enchâssée dans une monture d'or antique, est enrichie de cabochons de saphirs.

L'aigue-marine appartient à ceux qui sont plongés dans la douleur, car elle apporte l'espérance dans le malheur. Quelques esprits chagrins la considèrent comme néfaste, elle personnifie l'inconstance, disent-ils. Aussi est-elle redoutée des fiancées, qui n'en veulent pas dans leur corbeille.

La troisième variété est le béryl vert clair, jaune ou jaunâtre. Il va jusqu'à la teinte du miel et, alors, on le dénomme émeraude miellée. Le plus beau vient de l'Inde, il se taille en figure à six angles, afin que, par la répercussion de ces angles, sa lumière éclate davantage.

Il y a aussi le chrysobéryl, — une espèce de béryl, vert asperge, vert pâle, ou d'un jaune léger plus connu sous le nom de cymophane (qui était, au moyen âge, celui de la topaze). La cymophane présente également des moires azurées courant sur la teinte laiteuse qui flotte à l'intérieur.

Le chrysobéryl est le béryl à teinte jaune des anciens.

Les trois émeraudes sont l'emblème de l'amour heureux, de la charité, de la joie, de l'abondance. Elles signifient immortalité, victoire.

Elles témoignent des sentiments du fiancé : Une vieille poésie étrangère affirme que si le bien-aimé est fidèle l'émeraude est de la couleur des feuilles au printemps. Et qu'en cas d'inconstance, elle prend la nuance des feuilles qui se détachent de l'arbre à l'automne. Est-ce par intuition d'amoureux que peu de bagues de fiançailles sont ornées de la gemme révélatrice ?

Nous occuperons-nous encore de l'émeraude à un point de vue exclusivement féminin ? Dirons-nous qu'elle s'harmonise avec les robes blanches et les roses pâles, qu'elle va bien aux teints de lis, qu'on peut la mêler aux cheveux d'or ?

Mais l'émeraude ne serait pas une pierre du soir. « Vert souvenir des mers et des prairies, » dit Émile Michelet, « elle voile son éclat aux lueurs des bougies ».

LE GRENAT

Comme presque toutes les gemmes, le grenat se subdivise en pierres d'Europe et en pierres orientales.

Parmi les premières, les grenats d'Espagne sont d'un rouge pâle, comme les pépins de la grenade mûre, qui leur aurait fourni leur nom. Ceux de Bohême sont d'un rouge plus foncé, d'un rouge vineux. L'Auvergne en fournit aussi, et encore la Hongrie, qui en donne de rouges violacés. C'est une des industries du pays des magyars, de la Bohême, du Tyrol et aussi de notre Jura.

Le grenat oriental vient de l'Inde, du Cambodge, de Ceylan. On en compte trois variétés : 1° les *sang brun* qui, exposés à la lumière du soleil, figurent des charbons embrasés; ils sont d'une certaine grosseur ; 2° ceux qui sont presque de couleur hyacinthe, et qui sont nommés *soronias* quand le rouge orangé y domine ; 3° le violacé, qui est le plus parfait.

Il y a des grenats verdâtres, bruns, noirâtres, si foncés, ces derniers, qu'ils sont sans transparence, et des *vermeils*, d'un rouge feu très vif.

Le plus transparent de tous les grenats, celui qui a la plus belle couleur violacée, vient principalement du Pégu. On l'appelle *grenat syrien* ; mais il faudrait dire *grenat de Syriam*, par la raison que Syriam, capitale du Pégu, d'où on le tire, en a plus fourni à elle seule que toute la Syrie.

Le grenat signifie loyauté, franchise, vaillance. Il symbolise la foi vive, la charité, la constance, l'amitié. Il donne la sincérité du cœur, entretient les douces illusions, met un bandeau sur les yeux de l'amante trompée.

Dans les endroits où l'air vicié devient pesti-

lentiel, il sert d'antidote. La science lui recon-
naît-elle cette vertu antiseptique?

L'escarboucle, qui est la variété magnifique
du grenat, est d'un plus beau rouge que lui.
Elle est d'une grande transparence et de dimensions plus considérables. Ses feux sont
très intenses. Elle les doit aux points d'or dont
elle est intérieurement pailletée. On sait que
son nom signifie charbon. Charbon ardent, en
vérité.

Les anciens estimaient beaucoup l'escarboucle. Ils croyaient que la superbe gemme
condensait les rayons du soleil et les reflétait
dans l'obscurité. Plusieurs de ces pierres bril-
laient assez, affirment les auteurs de l'antiquité,
pour éclairer les appartements plongés dans les
ténèbres.

Des minéralogistes plus près de nous ne vont
pas si loin. Toutefois, ils affirment que l'escarboucle brille de feux si vifs et conserve si longtemps la lumière dont elle s'est imbibée, qu'elle

7

peut encore luire dans l'obscurité, éclairer la nuit.

Un vice-roi des Indes possédait des escarboucles d'un éclat si extraordinaire, qu'elles semblaient la nuit « charbons embrasés au milieu des ténèbres ». Le roi du Pégu en portait toujours une, d'énorme grandeur, qui paraissait l'éclairer, la nuit, de rayons solaires. L'Éthiopie a fourni les escarboucles les plus belles qui furent d'abord connues.

On disait, dès ce temps, que cette pierre préserve de l'ophtalmie et augmente la chaleur vitale. Les Chaldéens faisaient d'elle un talisman puissant capable d'éloigner les mauvais esprits, de purifier l'atmosphère physique et morale.

On assure toujours qu'elle procure des songes riants, ceux qui sortent par la porte d'ivoire.

La fable disait encore que les yeux du dragon étaient formés de deux escarboucles tellement éblouissantes qu'on n'en pouvait soutenir l'insupportable et brûlant éclat.

Et les *Chroniques de Saint-Denis* prêtent aussi à Charlemagne des yeux d'escarboucle : « Quand il était courroucé, ses yeux resplendissaient comme escarboucle. »

Aussi symbolise-t-elle l'ardeur, signifie-t-elle amour dévorant, cette pierre aux splendides lueurs.

Elle semble avoir été créée, comme le grenat, pour les brunes aux yeux noirs.

Couleur de feu, l'une et l'autre contrastent avec la masse obscure des chevelures foncées, et avivent l'éclat des yeux sombres.

Je sais que leurs lueurs sont dites infernales par les timides. Mais elles représentent aussi les rayons divins de l'amour, de la charité passionnée, de la foi radieuse.

Elles n'accompagnent bien que les toilettes blanches ou noires

L'HYACINTHE

Voici une pierre parée d'un nom qui est, à la fois, floral et mythologique.

Sa couleur n'est pas franche et non plus sa nature : quand elle est d'un rouge orangé, mêlé de brun, l'hyacinthe devient un grenat *essonite*; de coloration plus faible, elle est zircon; *brune du Vésuve* c'est une idocrase; *de compostelle* (rouge acajou), un quartz.

Les hyacinthes précieuses sont dites orientales. Il y en a deux variétés. Les unes, — corindons, — viennent de Ceylan ou d'Arabie; elles sont grosses comme des lentilles ou des avelines; les autres sont des topazes : moins dures que les premières, safranées, orangées. c'est au Brésil qu'on les trouve. Elles sont parfois aussi de la nuance de la fleur dont elles portent le nom, ou encore d'un violet plus léger que celui de l'améthyste.

Quand l'hyacinthe est d'un rouge très vif, écarlate comme le sang artériel, moins obscure que la couleur du grenat, elle est dite *Belle Hyacinthe*. L'hyacinthe nuancée, safran rougeâtre ou orangée, est considérée par beaucoup de joailliers comme la plus désirable. Il en est une qui ressemble à l'ambre blond; on en connaît une verte; il existe encore une hyacinthe saphirine et une hyacinthe blanche transparente, mais de peu de valeur. Plus dense que le diamant, l'hyacinthe l'est moins que le rubis. C'est cette densité qu'elle possède, ainsi que le grenat, qui la classe tout près des pierres très précieuses. Cette gemme symbolise le soleil et la divinité. Elle signifie enthousiasme, poésie.

Si vous la suspendez à votre cou, elle vous préservera des venins, des poisons, de la peste; sur terre et sur mer, elle écartera de vous les dangers; elle vous défendra aussi contre la foudre. Elle fortifie le cœur, inspire la vaillance,

7.

l'énergie. Elle procure à qui la possède les
richesses et les honneurs terrestres (ces pauvres
biens !) Par elle tous les désirs sont réalisés et
toutes les joies accordées. Toutes les variétés
de l'hyacinthe sont ainsi généreuses. Que ne
puis-je la distribuer à tout le monde !

La femme artiste devrait s'habiller de toilettes noires et transparentes semées d'hyacinthes. Elles feraient, ces belles pierres, un
effet magique dans les flots du Chantilly et les
sombres nuages du tulle noir.

Au dernier siècle, la comtesse d'Egmont,
fille du duc de Richelieu, nature éthérée, nerveuse, impressionnable, qui avançait sur l'horloge du temps, aimait ces parures originales et
splendides. Décrivons, d'après un auteur de
l'époque, la toilette qu'elle portait à un grand
couvert de Versailles : « Elle avait un grand
habit en dauphine noire lampassée, lequel était
sobrement garni, mais suffisamment, d'une
élégante et riche broderie de fleurs de capucines

en grandeur et couleur naturelles, avec leur feuillage en or. Elle avait mis toutes les perles héréditaires de la maison d'Egmont, qui valaient au moins 400 000 écus. Et ce qu'il y avait d'aussi magnifique et de mieux assorti, c'est que les fermoirs de ses bracelets, l'agrafe de son collier et l'attache de son aigrette, où jouaient quarante perles pendeloques du plus beau profil et du plus bel orient, étaient formées par des hyacinthes immenses, éclatantes, éblouissantes et de la plus belle couleur de capucine... » Couleur qui, à mon gré, constitue la véritable hyacinthe, — en dépit de son nom, — et en fait la valeur véritable.

LE JADE

Aimez-vous la douceur, l'indécision de ses
nuances ? Il est dans son opacité demi-transpa
rente, tantôt verdâtre, olivâtre ; tantôt blanchâtre tirant sur le vert, ou laiteux avec une teinte
de bleu ou vert estampé de gris.

Le jade vert est employé en Hindoustan à
tailler des vases et des tasses. Mais, en Chine,
le jade blanc sert à sculpter des Bouddhas, et
fournit les bijoux des impératrices. Dans une
belle collection formée par un médecin, on trouvait un collier en jade laiteux, composé de
quatre vingt-dix-neuf perles rondes, qui était le
plus précieux joyau de la couronne célestiale,
et dont se parait la compagne des Empereurs.
Là, on admirait encore la bonbonnière en jade

vert, bijou qui était la propriété exclusive des impératrices venant se succéder sur le trône de l'Empire des Fleurs.

Dans toute la Chine, et au Japon également, le jade est considéré comme une pierre sacrée. Il faut y occuper le rang suprême, être prince du sang impérial, ou arriver à telle haute situation sociale exceptionnelle, pour avoir le droit de porter ostensiblement un bijou de jade, auquel les lapidaires orientaux donnent un admirable poli et qu'ils sont presque seuls à savoir tailler. Il est vrai qu'ils consacrent à ce difficile travail — pour un seul spécimen de joaillerie — des années de leur vie, parfois leur vie entière.

La coupe à sacrifice des empereurs de la Chine est toujours taillée dans le jade, parce que cette substance est considérée comme divine au Céleste-Empire. Son nom chinois : *Hiouan-tschin* signifie *profonde vérité*.

Les Hindous tiennent aussi la belle pierre dure en grande estime et vénération, ils lui attribuent une infinité de vertus curatives, dans un grand nombre de maladies.

Les Arabes disent qu'il préserve des mauvais rêves.

L'antiquité admirait le jade à cause de sa rareté, de ses propriétés extraordinaires et du mystère de sa taille. Elle nous a laissé, outre des vases grecs, des camées gravées sur l'*amazonite*, qui est considéré comme un jade vert et qu'on appelle aussi *apatite*.

L'amazonite guérissait les maladies de poitrine.

A l'époque de la Renaissance, le jade était d'un très haut prix en Europe, « à cause que les roys et les princes des provinces où il naît le retenaient et non pas sans sujet, vu que ses facultés sont tant admirables ».

C'était le temps où un fameux médecin néerlandais écrivait un traité sur le jade, « pierre divine, pierre néphrétique » (le jade vert clair, dont la nuance est olivâtre ou céladon), décrivant ses précieuses vertus, sa puissante action sur le système rénal. Simultanément, les Italiens qui l'appelaient *Osiada*, vantaient ses propriétés contre la sciatique. Il guérissait aussi de l'épilepsie et des morsures venimeuses, si on le portait en amulette, et il préservait encore de l'influence néfaste du *mauvais œil*.

On fait du jade le symbole de la révélation divine. Il signifie grandeur, droiture, immortalité. Il ne saurait appartenir à tout le monde. On assure que les hommes très purs, les hommes qui commandent à leurs passions, ont seuls le droit de le posséder.

Il y a aujourd'hui, un grand nombre de bouddhas taillés dans le jade, qui ont été répandus en Europe, depuis un demi-siècle. Eh bien ! on prétend qu'ils portent malheur. Ces images vénérées, arrachées aux sanctuaires mystérieux de l'Extrême-Orient, font expier leur irrévérence aux hardis contempteurs, qui les réduisent à l'état d'objet d'art.

Une de nos amies a fait disparaître de son salon une admirable statuette en jade verdâtre,

d'un fin et superbe travail représentant le Bouddha. Ses visiteurs l'admiraient comme un bibelot de très grande valeur, mais enfin comme un
bibelot. Elle a enfermé l'effigie du dieu, dans un
coffret de santal, au plus profond d'une armoire
réservée tout entière à la divinité hindoue.
Depuis ce temps, le bonheur est revenu habiter
sous son toit.

Un officier de marine m'a affirmé qu'il suffit
de recouvrir la statue ou la statuette d'un globe
de verre. Cette forme d'isolement témoigne
assez du respect qu'on accorde à l'effigie consacrée par des rites redoutables, pour mettre à
l'abri de sa vengeance.

LE JAIS OU JAYET

Parce qu'on tirait le jais de la ville de Gagès en Lycie, l'antiquité l'avait nommés *gagates*.

Il a, comme l'ambre, des propriétés électriques, mais plus faibles. Aussi l'a-t-on surnommé ambre noir. Les Islandais ne le désignent pas autrement.

Substance bitumineuse, d'une origine végétale, le jais se travaille comme le bois et brûle comme lui.

Il a de grandes vertus magiques, au dire d'un grimoire. Il donne la victoire sur les ennemis : « il est admirable pour cela ». Hercule portait, paraît-il, un talisman de jais.

Il préserve du mauvais œil et de tout sortilège, il est un antidote contre les poisons. Il chasse les esprits, les fantômes... et les maladies épidémiques, lorsqu'on le brûle en une maison, qu'il parfume ainsi de son essence.

En ces temps modernes, le jais est consacré aux parures de deuil. Il contraste merveilleusement avec les peaux laiteuses, et, en peigne, en épingles, son brillant sombre fait paraître, plus blondes encore les chevelures couleur d'épis.

Il symbolise le cœur navré, le cœur en peine. Il signifie douleur et chagrin.

C'est pour cela, sans doute, que, dès les premiers jours d'un deuil, les femmes tiennent à le porter... ou pour éclairer un peu le rigide aspect des laines noires et des sombres crêpes !

LE LAPIS LAZULI

Le lapis porte un joli nom : pierre d'azur. On la nomme parfois simplement *lazulite*. Lazuli est dérivé de l'arabe *lazurd*.

Le lapis (« la pierre par excellence ») n'a pas une très grande valeur. Mais il fournit cependant de jolis bijoux, des pommes de manches d'ombrelle, etc.

Il serait plus apprécié si on le trouvait en moindre quantité. Est-ce absurde? Est-ce que ça diminue sa joliesse? Mais les princes Orloff possèdent à Saint-Pétersbourg un palais dont les murs sont incrustés en entier avec le lazulite de la grande Boukharie et, en conséquence de cette abondance, on l'estime moins que des choses d'une moindre beauté mais plus rares.

Le plus beau lapis se tire de Hongrie et de

Sibérie, près du lac Baïkal. Il est d'un magnifique bleu d'azur, traversé par des pyrites d'or.

Cette pierre étant opaque peut être portée au grand jour dans la rue. Elle n'a pas l'inconvénient d'attirer le regard par son étincellement, puisqu'elle ne se laisse pas traverser par la lumière, comme les gemmes transparentes.

Il est bon de se parer du lapis. Cette pierre est excellente pour la vue et rend l'esprit gai ; elle apaise la fièvre ; consacrée à la planète Vénus, elle est favorable aux douces amours.

Sa couleur en fait une pierre de femme candide, de jeune fille. Elle symbolise la simplicité du cœur, elle signifie félicité, amour. Elle procure à celui qui la porte une ambiance de tendresse et de sympathie. Elle ressemble à la fleur de véronique et, comme de celle-ci, on en fait un emblème de fidélité.

On le voit, l'élite du monde minéral emprunte déjà quelques traits au monde végétal, d'un degré plus élevé sur l'échelle de la création.

LE MONDE D'OR

Le monde d'or est un quartz. Les bijoutiers l'appellent *œil du monde* ; et les minéralogistes *hydrophane*. Ces derniers lui ont donné ce nom parce qu'étant extrêmement poreux, si on le plonge dans l'eau, il se laisse pénétrer par la substance liquide. Alors, l'air qu'il renfermait étant ainsi chassé, il devient transparent.

Faiblement translucide à l'état naturel, cette gemme a le chatoiement de l'opale. On la tire d'Allemagne et d'Italie.

On trouve le monde d'or mentionné dans le testament de Marguerite d'Autriche, lequel est daté de 1508.

La jolie pierre préserve le nageur de tout péril dans les eaux douces. Elle met à l'abri des perfidies.

Sa signification est abondance, fécondité.

8.

LA MARCASSITE

La marcassite — qui doit son nom, *marcassita*, aux Arabes — est un minéral suceptible de recevoir un beau poli sans s'altérer à l'air. Elle est sombre, mais marquetée de paillettes métalliques.

On la trouve dans toutes les mines, mais on fait particulièrement cas de celle qu'on découvre dans les mines d'or.

Nous tirons cette pierre du Jura et de l'Allemagne, elle sert à faire des bijoux. parures de deuil surtout.

C'est un symbole de tristesse.

LA MALACHITE

J'ai dit que je parlerais de toutes les pierres belles et rares. La malachite qui est d'un beau vert velouté, comme les prairies à l'automne, mérite au moins une mention. C'est autant un métal qu'un minéral, puisqu'elle est un cuivre carbonaté vert. Elle trouve sa place ici, servant à la parure de la femme.

Elle est très répandue et, pour cette raison, moins recherchée que d'autres, comme nous disions tout à l'heure du lapis. L'homme est assez dédaigneux des biens que la nature lui prodigue. Dans le règne minéral, comme dans le règne végétal, la couleur verte est la plus rencontrée : amazonite, chrysoprase, jaspe, jade, émeraudes, etc., il existe encore beaucoup d'autres pierres qui ont des variétés verdâtres.

Quoi qu'il en soit, avec la malachite concrétionnée, on fait des bijoux de jour, puisqu'elle n'est pas, non plus transparente, et des pommes de manches d'ombrelle.

La malachite dit : *Espérez.* Elle est le symbole de la tranquillité, préserve des procès, donne le succès dans les affaires.

En Italie, on suspend au cou des enfants une *pietra del pavone*, c'est-à-dire un morceau de malachite, dont les couches concentriques rappellent assez bien les jeux de la plume de paon. On croit les préserver ainsi des effets désastreux que produirait sur eux le mauvais œil, dont le regard se poserait même furtivement sur une partie quelconque de leur corps.

LA NACRE

Puisque nous parlerons de la perle qui est une concrétion calcaire, pourquoi ne nommerions-nous pas au moins la nacre? Elle sert aux montures d'éventails et à quelques autres bibelots féminins. On en tire quelques bijoux : de jolies croix à suspendre au cou des fillettes, par exemple, et de petites broches.

Elle est charmante. cette matière blanche et brillante (nacrée), mélange d'argent et de rouge tendre, avec des reflets verts, que nous fournit l'intérieur de certaines coquilles.

Michelet a écrit des pages délicieuses sur les douces lueurs de la nacre. sur ses nuances adorables, œuvre de pauvres mollusques et du soleil, pénétrant, à travers les masses d'eau, dans la coquille entr'ouverte pour recevoir sa visite. Il faut les lire dans ce beau livre : *la Mer*, tout ému de tendresse.

La nacre *burgaudine* est celle qu'on emploie le plus généralement, mais on estime aussi la nacre *bâtarde blanche*, la nacre *bâtarde noire*, celle-ci remarquable, quoique moins recherchée que la nacre *franche*, qui vient de l'Inde.

L'OBSIDIENNE

Il faut dire un mot de ce produit volcanique, qui se taille en cabochons et fournit des bijoux de jour.

L'obsidienne est de couleur verdâtre; elle a une très belle variété chatoyante, qui présente des reflets dorés et brillants.

L'obsidienne noire est l'*agate noire* d'Islande. Ténériffe, les Andes, le Pérou et l'Auvergne fournissent aussi l'obsidienne.

C'est la pierre des femmes qui possèdent l'opulente chevelure des blondes du Titien.

L'OPALE

Voici encore un produit volcanique, mais de plus grande beauté, d'une beauté poétique, je dirai.

Cette gemme, d'un blanc laiteux, brillante, douée du chatoiement particulier appelé chatoiement opalin, fait rêver devant ses rayons, son irisation. Elle est comme animée de vie : Ondoyante et changeante, comme on la voit sans cesse, elle paraît posséder une âme. Elle n'éblouit pas l'œil, elle le charme, don plus enviable.

« C'est, dit Pline, le feu de l'escarboucle, la pourpre de l'améthyste, le vert éclatant de l'émeraude, brillant ensemble et tantôt séparés, tantôt unis par le plus admirable mélange. »

Car elles sont variées les opales. Il en existe où le bleu et l'orangé se mêlent sur un fond blanc et luisant. Nous avons parlé, dès l'abord, des opales laiteuses, nuageuses; on en trouve de noires, du fond sombre desquelles jaillissent des reflets de feu. Toutes ces couleurs jouent, sans se lasser, semblant sortir de la gemme pour y rentrer aussitôt, et l'on ne se fatigue pas de regarder ces jeux fugitifs de lumière et de rayons. Dirai-je qu'elles doivent leurs reflets changeants à une petite quantité d'eau contenue dans l'interstice de leurs molécules? Qu'elles viennent à être échauffées, même légèrement, ce sera la cause de ces reflets qui varient à l'infini, ou qui en augmentera l'effet.

On a toujours parlé de l'opale avec une sorte de tendresse. L'un dit que « ses lueurs sont plus douces que celles de l'aurore »; un autre « qu'un rayon rose captif tremble sous sa pâleur ». On l'appelle « larme de la lune ». Émile Michelet s'écrie : « Arc-en-ciel voilé d'une vapeur de lait. Toute la beauté vibrante des couleurs s'embrumant d'un mystère de blancheur. » Mais il ajoute qu'il faut se défier d'elle, quoiqu'elle soit la plus séduisante et la plus fascinante des gemmes. « Pierre du destin, dit-il, dont la beauté détruit qui les aime. »

Dans sa *Nuit des rois*, Shakespeare, qui fut aussi occultiste, prête au bouffon ce conseil adressé au duc Orsino : « Commandez un habit de couleur changeante, car votre cœur est une véritable opale. »

D'autres reprendront la défense de la charmante gemme. « Incomparable opale, véritable étoile, enfant de l'amour, comme on t'a appelée, tu étais une pierre faste, tu réjouissais le cœur de ton possesseur, au temps d'Albert le Grand. Et tu rendais aimable et aimé. » Alors, l'opale donnait beauté et fortune, elle était favorable à la vue, on la considérait comme un bouclier contre l'infortune. On ajoutait qu'elle préservait de tout venin et contagion de l'air, qu'elle prévenait les syncopes, les maux de cœur, les affections malignes. Il est vrai qu'elle procurait aussi le don d'invisibilité, ce qui avait fait d'elle la pierre des voleurs !... l'adorable opale !

C'est Walter Scott qui, le premier, l'a déclarée néfaste dans sa « Anne de Geierstein ». Connaissait-il donc la superstition russe qui condamne l'opale, superstition qui a été répandue en France par l'impératrice Eugénie ?

Fatale à l'amour aujourd'hui, ou inspirant un amour néfaste, il est pourtant un moyen de lui faire perdre cette triste propriété, c'est de ne jamais l'accepter en présent, c'est de ne porter que celles qu'on a achetées.

Elle ne méritait pas cette déchéance l'impressionnable opale, qui rougit de plaisir en présence de l'ami de son maître, éteint ses feux quand son ennemi paraît, change de nuance selon les émotions de celui qui la porte, meurt d'un courant d'air froid.

Cette sensitive parmi les gemmes, ne peut, non plus, supporter une chaleur trop forte.

L'antiquité aimait l'opale. Le sénateur Honius en possédait une qui valait 20 000 sesterces (un million et demi). Plutôt que de céder cette pierre à Marc-Antoine qui la désirait, il préféra renoncer à sa charge et se soumettre à l'exil.

En ce temps-là, on tirait l'opale de l'Inde, de l'Égypte, de l'Arabie. Nous la demandons aussi à la Hongrie, aux îles Féroë, à l'Islande. On a découvert, en Australie, des montagnes d'opales... montagnes d'Aladin !

Les variétés de l'opale sont nombreuses : l'opale noble ou orientale ; l'opale arlequine, girasol, sombre ou noirâtre, vineuse, commune ; l'opale de feu ; l'opale de bois (qui présente des filaments ligneux) ; les opales d'Australie, qui sont très brillantes, sur lesquelles sont distribuées des couleurs variées, avec un vif lustre vert. Elles ont un singulier charme attractif. On les trouve dans les rocs de l'âge tertiaire, les plus belles sont toujours découvertes dans les nodus.

Il existe une parure d'opales noires à reflets de feu qui est célèbre. Elle est d'une grande beauté et appartient à une princesse royale d'Angleterre.

Cette pierre, charmante entre toutes, est le symbole de l'attrait troublant possédé par les créatures ondoyantes et diverses. Elle dit : Prenez garde, mais aimez et vous vaincrez.

D'autres veulent qu'elle signifie prière, larmes et pardon, mais c'est à la condition qu'elle soit laiteuse et bleuâtre. La vertu de cette variété d'opale est d'augmenter la fidélité.

9.

LE PÉRIDOT (ORIENTAL)

Nous lui ferons place, bien qu'un vieux dicton prononce contre lui : « Qui a deux péridots en a un de trop. »

C'est une pierre fine, elle raie le verre, bien qu'elle soit moins dure que le cristal de roche.

Les plus beaux péridots nous viennent de l'Orient, de Ceylan, du Cambodge, du pays des Birmans et aussi de l'Égypte, encore du Brésil et, alors celui de cette dernière contrée est la tourmaline verte, tandis que celui d'Orient est un corindon.

Les Allemands les nomment *olivenstaner* (olivines), leur couleur étant parfois celle du fruit de l'olivier. Il y en a de transparents et de demi-transparents. Les premiers ont des teintes exquises : feuille nouvelle, tilleul, pistache,

asperge; vert jaunâtre, vert doré, aussi vert...
poireau. Le péridot transparent, couleur d'eau
mêlée de vert, jette un beau feu. C'est le topazion
des anciens.

Malgré l'opinion des joailliers et des lapidaires, le péridot avait ses amateurs au
xve siècle. On le mentionne en 1416, dans
l'inventaire du duc de Berry : « Une pierre
appelée péridot, enchâssée dans l'or. » Nous
l'appelons *émeraude du soir*, et il a un véritable
regain de faveur. On l'a remis au rang du béryl
et de l'aigue-marine.

Le péridot se polit difficilement. Il n'est pas
très dur, c'est ce qui l'a fait considérer comme
étant de peu de valeur. On le taille en rose,
mais aussi avec une table au sommet entourée
de facettes en losange, c'est cette dernière taille
qu'il faut préférer.

Le péridot signifie douce espérance. Il symbolise le cœur qui s'éveille à la tendresse. Il
donne l'intuition, la candeur. Il protège contre
les pervers. Il est favorable à la vue.

LA PERLE

Oh ! voici, entre tous, le joyau féminin ! Le plus beau, le plus doux, plus animé de vie que le fulgurant diamant.

« Cette perle, dit Michelet, n'est pas une personne, mais ce n'est pas une chose. Il y a là une destinée. » Il est presque pénible d'en parler avec un peu de science, car elle est toute poésie.

Blonde comme une Valkyrie, brune comme une sultane, parez-vous de perles : C'est le bijou des bijoux. C'est « une fleur persistante ».

Avec des perles, une robe blanche en satin dogaresse ou en mousseline aérienne, tout en vous sera blancheur et douceur. Vous ressemblerez à un poème, à la reine Mab des nuits d'été ; vous serez belle, éclairée des discrètes lueurs de ce trésor de l'Océan.

La perle fait rêver de pureté et de tendresse. Elle est fille de la lumière, elle est née de la lumière. C'est la prière au soleil d'un pauvre, d'un très impuissant enfant de la mer, qui, chaque jour, entr'ouvre sa coquille pour recevoir un rayon, le renferme avec amour et en conçoit cette production unique, adorable, qui est la perle.

Rome ancienne aimait le doux joyau, qui vient, comme Vénus la blonde, des profondeurs des ondes amères.. L'antiquité reculée le connut. Ne dit-on pas que la perle était l'ornement favori de la déesse? C'est qu'elle rend la beauté irrésistible.

La femme de Caligula se couvrait de perles ; la mère de Brutus reçut en présent de Jules César une perle d'immense valeur.

On se rappelle le festin à la perle de Cléopâtre la fastueuse, mais elle n'avait rien inventé. Avant elle, on faisait dissoudre des perles, leur trouvant une exquise saveur, et, du reste, elles servaient à combattre le mal d'estomac.

Bouddha aussi était favorable à la perle.

Les boucles d'oreille de Mysraïm, fille d'un calife de l'Islam, étaient formées de deux perles « grosses comme des œufs de pigeon ». Jamais on n'en avait vu de pareilles. Jamais on ne put en apprécier l'immense valeur.

Le XVIᵉ siècle raffola de ce divin produit des mers. Henri de Lorraine, comte d'Harcourt, était appelé le « cadet à la perle », parce qu'il en portait toujours une de la plus grande beauté, en pendant à l'oreille gauche. On ne vit jamais plus grand abus de perles que sous Henri III.

Au XVIᵉ siècle, le deuil n'interdisait pas leur usage dans la toilette. Elles étaient « bijoux de deuil ».

On dit que la famille de Pommereux possède les plus belles perles du monde.

Après elle viendrait la comtesse anglaise de Dudley qui en a réuni une collection splendide, qui vaut surtout pour la forme, la teinte et l'orient des spécimens. Son *fil de perles* est évalué 500000 francs. Son diadème de perles est célèbre dans les Trois-Royaumes, ce sont des perles en forme de poires qui en composent le sommet.

Celles de la reine Victoria étaient remarquables pour leur régularité : son collier de perles roses valait 400000 francs. Sa fille, l'impératrice Frédéric d'Allemagne, portait un collier de perles d'une valeur de 600000 francs.

Les shahs de Perse ont dans leur écrin une perle évaluée à 2700000 francs. Ils roulent entre leurs doigts un chapelet dont les grains sont des perles grosses comme des noisettes.

L'iman de Mascata possède une perle au travers de laquelle on voit la lumière, sa valeur est de 900000 francs. Les maharajahs, entassent les perles par milliers, dans leurs féeriques palais hindous. Ils en brodent leurs tuniques et leurs turbans.

En vérité, ce bijou exquis n'appartient pas au sexe fort.

Il y a de très nombreuses variétés de perles, en tant que formes et couleurs.

On en connaît de blanches, de jaunâtres, de jaunes d'or, de noires, d'azurées, de bleues, de bleuâtres, de roses, de lilas, de grises, de vertes... celles-ci sont d'une rareté sans pareille, et, sans défaut, elles sont payées d'un haut prix, quoique à mon gré, avec les jaunes, les lilas, les bleues, elles soient une anomalie.

La perle rose de Bouhamar est charmante : de couleur plus tendre que le corail rose, elle a beaucoup d'éclat ; sa *peau* veloutée ayant des reflets irisés admirables.

Les perles roses sont aussi produites par la *pinne marine*, sorte de moules de la Méditerranée, et par la *turbinelle*, coquille de l'Océan Indien. Montée avec des perles blanches et des brillants, la perle rose fournit un bijou ravissant.

Les perles noires sont belles et rares... rarissimes, aussi atteignent-elles de hauts prix. Ce sont d'inestimables joyaux.

Dans les îles du Pacifique, on trouve des perles brunes dorées. Mais la plus désirable, c'est la perle blanche ou la perle aux teintes blond pâle, avec son « iris mystérieux », *son orient*. Celles qu'on pêche en Polynésie sont très douées sous ce rapport, leur orient est magnifique ; aussi les trouve-t-on plus belles que celles de l'Inde !... bien que leur *peau* soit moins dure.

La perle fine de grande dimension excède en valeur et en beauté tout autre joyau, sauf le rubis, dit-on, même le rubis, affirmé-je, en tant que beauté.

Avez-vous entendu parler de cette perle extraordinaire, connue sous le nom de *perle croix du Sud* ? C'est un phénomène naturel non encore expliqué. Elle a été trouvée dans l'Australie occidentale, et consiste en neuf perles adhérant ensemble, dans la forme d'une croix latine : sept dans la hauteur et deux pour les bras. Ces perles sont légèrement comprimées, comme le sont parfois les pois dans leur cosse: nulle trace n'existe de jonction artificielle. Les neuf perles sont de la plus grande beauté et d'une immense valeur, malgré leur déformation.

Les perles les plus parfaites sont rondes et blanches, d'un bel orient.

Pourtant, selon Ménage, le nom de perle viendrait du latin barbare *pirula*, diminutif de *pirum*, poire, à cause de la forme des perles, qui les fait ressembler à de petites poires.

Les perles de formes irrégulières sont appelées *baroques* ou *chicots*. Celles qui affectent la forme de poires, viennent tout de suite après les rondes.

Mais la perle *meurt*. A cela, quoi de surprenant, puisqu'elle est, après tout, composée de matières animales et fragiles. Mourir, pour la perle, c'est perdre son orient, son adorable éclat. Quoi! la perle, elle aussi, vieillit, finit!

Enfouie dans la terre, elle est bientôt complètement perdue. Les acides l'altèrent, les gaz fétides la noircissent, négligée, laissée à l'air, elle se détériore très vite !

Il faut l'enfermer soigneusement dans un coffret avec un morceau de racine de frêne. On retarde ainsi sa mort, qui peut n'arriver qu'après cent ans d'usage.

La meilleure manière encore de lui conserver beauté, santé et vie, c'est de la porter sur la chair. Combien elle est délicate ! vous voyez, c'est presque un être.

On écrirait un volume sur le délicieux bijou qui s'élabore au fond des mers pour embellir la femme.

La perle (*Margarita*) présage, dit-on, les larmes. Qui ne pleure en ce monde ? Est-ce parce qu'elle est née d'une souffrance, d'une blessure permanente ? car l'enfant de la mer qui la produit, a dû connaître la douleur pour la créer. Sans souffrance, sans aspiration vers l'astre souverain, pas de nacre, pas de perles.

La perle sera le symbole des douces résignées, et des amours permis et des tendresses. Sa grâce adoucit les caractères violents, fait tomber les colères, procure la paix de l'âme et de l'esprit, doue de patience... « la rose patience », comme dit Shakespeare.

Ce ne sont pas ses seules vertus. Elle rend chaste celle qui la possède : candide la jeune fille, pure la jeune épouse.

Signalons encore ce fait réel : la femme aime ses perles d'un autre amour que ses diamants... et la perle aime celle qui la porte sur son sein, l'empêchant de mourir.

En arabe, la perle est appelée Djohar et Loulou... et ce sont deux noms souvent donnés à la femme. N'est-il pas charmant d'être baptisée « la perle »?

Les perles sont bien belles, mais, pour les porter sans regret, il faudrait que leur capture n'exposât pas les malheureux qui les cherchent, au fond des mers, à tant de périls affreux.

Combien de plongeurs paient de leur vie cette témérité d'aller *cueillir* dans les flots dangereux cette « fleur persistante », d'une si douce beauté. Et quand ils échappent au danger, le profit de cette pêche si hasardeuse n'est pas pour eux. Leur héroïsme n'est payé que d'un salaire dérisoire.

C'est peut-être pour cela que les perles font pleurer !

LA PIERRE DE LUNE

Elle mérite quelques lignes. Les graves savants l'appellent *adlunaire*, d'autres *lunaris*.

Montée en cabochon, elle a une certaine valeur.

Fort jolie en sa blancheur à reflets nacrés, cette pierre convient aux jeunes filles, aux femmes douces et rêveuses.

Elle évoque le souvenir des nuits éclairées par les lueurs d'argent de la lune, et celui des baisers innocents que les fiancés échangent dans l'ombre bleue des parties du jardin non visitées par la calme Phœbé.

Comme sa patronne céleste, elle est chaste et

rend telle celle qui la porte. Elle symbolise la jeunesse et la confiance.

Elle doue du pouvoir de prédire les événements, elle donne la félicité conjugale. Elle préserve de la contagion.

LE RUBIS

Le rubis parfait est une pierre fort rare, de grande beauté, de grande valeur.

Certains minéralogistes le placent au premier rang des gemmes, quand il est sans imperfection. Le diamant ne vient qu'*après lui.*

Il doit être d'un rouge de cochenille ou de la couleur du *sang de pigeon*, de teinte bien unie, allant parfois, mais légèrement, jusqu'au violet. Alors, il prend un aspect velouté.

On connaît aussi un rubis blanc, c'est le corindon hyalin incolore.

Les rubis qui laissent à désirer sont glacés, nuageux, laiteux, nacrés. Un rubis n'est beau que s'il ne contient pas d'azur.

Les plus beaux rubis nous viennent de Ceylan et de Pégu.

Cette précieuse pierre a plusieurs variétés : le balais, la spinelle, la vermeille, le rubis couleur de vinaigre. Le balais est rose clair; on ne le trouve que dans l'Inde, à Ceylan surtout; la spinelle d'un rouge fondant au rose; la vermeille est rouge mêlé d'orange. Pline croyait que la spinelle était la femelle du rubis. Cette dernière variété est aussi appelée Alabandine. Plus pâle, nous l'avons dit, plus transparente aussi, elle occupe le premier rang après lui.

Les plus gros rubis dont on ait entendu parler en Europe ont appartenu à des souverains : Élisabeth d'Autriche, femme de Charles IX, en possédait un de la dimension d'un *petit œuf de poule*. On l'estimait 60000 ducats, et, par succession, il revint à Rodolphe II, frère d'Élisabeth.

Un autre, de la grosseur d'un *œuf de pigeon*, d'une valeur de 80000 francs, fut offert à la tzarine par Gustave III de Suède, au cours d'un voyage qu'il fit en Russie, en 1777.

Mais, en général, les rubis sont assez petits. On les taille à pans ou à degrés.

Le rubis, couleur de feu, est le joyau des brunes superbes et triomphantes.

Les châtelaines du moyen âge le recherchaient fort; n'est-il pas « beau comme le sang des braves »? Les duchesses françaises ont conservé cette préférence à la belle gemme rouge, qui semble parler d'héroïsme, et qui fait merveille dans la couronne à pointes que, sous forme de peigne, elles plantent dans leurs cheveux.

Les shahs de Perse possèdent des quantités énormes de rubis.

Les favorites musulmanes appréciaient fort, apprécient encore cette pierre splendide. On raconte que Youssof offrit à Hachem, prince des croyants, un rubis rouge qu'il avait acheté à Raïka, la sultane préférée de Kalède, au prix fabuleux de 75000 dinars d'or. Le porteur du présent disait : « Les deux bouts de ce rubis sortaient de mes mains. »

Il faut faire connaître aussi le rubis d'Abraham : « Quand Notre Seigneur Brahim, disent les Arabes, eut construit cette maison de Dieu (Bite Allah), — laquelle est la Caaba, le Temple de la Mecque, — l'Ange Gabriel lui apporta un énorme rubis (Yacout), que les péchés des hommes ont noirci, depuis. Ce n'est point une pierre vulgaire, car elle a des yeux, une langue, des oreilles. Elle voit, elle entend et, au « jour de la Balance » (Jugement dernier), elle témoignera en faveur de ceux qui l'auront baisée, contre ceux qui l'auront méprisée. »

Nous avons dit que les Arabes appellent le rubis Yacout; Yacouta est un nom de femme; les poètes et les romanciers le donnent aux héroïnes dont le grand œil est noir comme la pierre vénérée, et plein de feu comme le rubis.

Le poète oriental compare la bouche de la femme à un rubis : « Sa bouche est un rubis monté sur une bague. »

Le rubis porte bonheur. Il symbolise la charité, l'ardent amour, la loyauté, la vaillance, — mais aussi la hardiesse, la cruauté, le carnage, la colère, selon le caractère de celle qui le porte. C'est sans doute la variété, connue par les Arabes sous le nom de Balcache, qui fait naître ces mauvaises passions et la méchanceté; qui rend triste, chagrin, morose, celui qui le possède.

Les autres bannissent la tristesse et les pensées mauvaises, répriment la colère, font cesser les querelles, calment les esprits, mettent à l'abri de la foudre toute chose qu'ils ont touchée, la demeure qui les contient. Ils apaisent la soif, détruisent l'effet du poison, fortifient le cœur et guérissent le mal de tête (superstition très ancienne). Celui qui se pare du rubis est respecté, vénéré, tous ses vœux sont réalisés! Encore une autre et humble petite vertu : Il met la maison à l'abri de l'invasion des fourmis!

Les rubis changent de couleur pour annoncer les malheurs qui menacent leur possesseur, et ne reprennent leur teinte naturelle qu'au jour où le bonheur lui revient.

Dites à la bien-aimée que ses lèvres ont la couleur du rubis et, en même temps, donnez-lui cette précieuse gemme pour se parer. Jamais ses lèvres ne donneront de baisers à un autre homme, vous vous assurerez sa fidélité à jamais. C'est une grande coquette qui a dû inventer cette superstition, pour se faire offrir des rubis.

Le rubis rouge transparent est l'emblème de la beauté et de l'élégance, il préserve des fausses amitiés.... Ah! l'admirable vertu!

Toutes ces croyances relatives aux rubis ont leur origine dans les temps très reculés.

LE SAPHIR

Ce corindon donne son nom à un grand nombre de pierres, avec adjonction d'autres appellations. Mais nous ne voulons nous occuper que des saphirs proprement dits.

Elle est charmante, cette gemme d'un bleu profond comme le ciel du Midi ou le bleuet. Elle est très précieuse puisqu'elle est très rare et très dure, qu'elle résiste à la lime et au burin des graveurs, et raie tous les corps, à l'exception du diamant... « que rien n'entame ».

La couleur du saphir doit être pure, sans mélange. Alors, il est parfait. Cependant, si on l'examine de certaine façon, à la lumière artificielle, il paraît rouge. Quand il est d'un bleu intense comme le ciel d'été, on dit : c'est un saphir mâle ; bleu tendre comme le ciel d'avril, c'est le saphir femelle.

Le saphir d'eau est chatoyant, teint de bleu pâle ; le saphistrin est aussi d'un bleu très léger. On connaît encore le saphir étoilé, le saphir à reflets ou girasol, sa nuance bleue est légèrement teintée de rouge. Il en est un encore, qui allume des feux bleus de phosphore sur un fond brun sourd ou chocolat. Tous les saphirs perdent beaucoup à la lumière artificielle.

Le nom hébreu de cette gemme, *sappir*, signifie *la plus belle*. Elle est en effet bien belle, cette pierre dont étaient faites la verge de Moïse et les Tables de la loi... assure la tradition.

Elle est sacrée pour les Mages. Ils disent que la paix environne celui qui porte le saphir sur un cœur pur et sincère, qu'il fait naître le repentir des fautes commises... le repentir qu'il faut soigneusement cultiver en nous, ajoutent-ils, pour ne pas retomber dans les mêmes erreurs.

Le saphir éloigne la peur, la peur hideuse ! de celui qui le possède ; il le préserve de tout mal, des passions destructives.

Il donne la vigueur aux membres, guérit les furoncles, fortifie la vue, éteint l'incendie !

Le saphir « aime la pauvreté », — lui qui est d'un si haut prix quand il est parfait ! et la douceur et le calme.

Il symbolise la justice et la loyauté ; la beauté, la noblesse discrète et un peu hautaine : ses étincelles ne grésillent-elles pas sur une eau limpide et froide ?

D'un bleu parfait, il signifie vérité, conscience pure, repentance.

Il devrait orner la bague des fiancées, sa couleur dit candeur, bonté, sincérité, vertus de femme, de jeune fille.

Il est d'un effet charmant dans les cheveux blonds, où il ressemble à un bleuet dans les blés.

Selon Émile Michelet, c'est dans un saphir

que devait être taillé le croissant de Diane.

Les yeux qui possèdent le doux et profond éclat du saphir sont bien beaux, car ils peuvent, dit-on, inspirer toute confiance.

11.

LA TOPAZE

La topaze est une pierre fine, translucide, d'un beau jaune.

La topaze brûlée, rosée ou lilas, a obtenu ces teintes artificiellement : par un passage dans un bain de sable chauffé au rouge brun.

Les topazes vraies du Brésil sont d'un jaune d'or superbe.

Les plus belles topazes sont les topazes orientales ou corindon.

L'Éthiopie et l'Inde fournissaient la topaze aux Romains. Nous avons dit que les anciens dénommaient cette gemme chrysolithe, c'est pourquoi Pline, parlant de la topaze, s'exprime ainsi : « La chrysolithe, dans sa beauté, fait pâlir l'or lui-même ; aussi la monte-t-on en transparent, sans la doubler d'une feuille brillante, qui n'ajouterait rien à son éclat. »

Les Romains divisaient la topaze en *chrysé-lectre*, « à laquelle, dit Pline, il faut la lumière claire du matin pour briller dans son éclat »; en *leucochryse*, jaune blanc brillant; en *mélé-chryse*, qui offre, ainsi que son nom l'indique, un éclat doré, avec la teinte rougeâtre du miel.

L'antiquité attachait à cette pierre, toutes sortes de vertus mystérieuses. Elle fut le pre-mier talisman que Théogène posséda en Égypte. Héliodore prétendait qu'elle rend invulnérables ceux qui la portent et que ce fut ainsi que Cariclée fut préservée des fureurs vengeresses de la reine d'Éthiopie. On assurait alors que le possesseur d'une topaze pouvait tomber d'une hauteur de cent pieds sans se faire aucun mal, « parce que cette gemme attire à elle toute la force de la secousse ».

Elle est toujours considérée comme un porte-bonheur, donnant richesses et honneurs. Elle dompte les passions lunatiques, apaise la colère et l'épilepsie. Elle dissipe la tristesse et la mélancolie. Elle arrête l'hémorragie, inspire l'horreur du sang... il faut faire des présents de topazes aux hommes qui décident de la guerre. Elle préserve des mauvais songes.

Les eaux agitées par la tempête ou par l'ébullition se calment sous son influence... ainsi qu'en témoignerait une phrase de l'Apocalypse sur les grandes eaux. Quelques auteurs affirment sérieusement que la topaze réduit en deux secondes la température de l'eau bouillante à la chaleur du sang.

La topaze symbolise les vertus chrétiennes : la foi, la justice, la tempérance, la clémence.

C'est l'emblème de l'amour vrai, de l'amitié désintéressée.

Elle est l'attribut de l'amour divin, du feu, du soleil, et, alors, signifie splendeur.

Elle n'a pas seulement une ressemblance de couleur avec l'ambre : comme le doux produit fossile, elle possède des propriétés électriques, que développent en elle la chaleur, la pression, le frottement.

Selon les anciens, qui l'appelaient *aimant d'or*, elle attire le précieux métal, indique les trésors, découvre les filons.

Elle veut donc dire aussi richesse, prospérité.

LA TOURMALINE

Quoique cette pierre fine, qui raie le verre, soit d'un prix peu élevé, il ne faudrait pas la dédaigner.

Ne polarise-t-elle pas la lumière? Ne devient-elle pas électrique lorsqu'on la frotte ou l'échauffe?

On l'appelle souvent *aimant de Ceylan*, schorl électrique, aphrisite, et elle est ordinairement noire.

Mais il y a trois autres variétés et elles affectent trois couleurs : rouges, elles sont alors dites *rubellites*; la cramoisie est dite rubis de Sibérie: bleues, *indicolites*; vertes, *émeraudes du Brésil* (le péridot vert). Il faut bien se garder de les confondre avec les rubis, saphirs, émeraudes, corindons, auxquels elles ressemblent, sous ces couleurs.

La tourmaline attire à qui la porte amour, influence et succès.

LA TURQUOISE

Elle est d'un bleu tendre, comme les myosotis. Un poète compare sa couleur « vague et chatoyante » à l'œil des nymphes marines.

Ses nuances sont variées, en effet. Mais les plus belles turquoises sont d'une très franche couleur bleue, bleu céleste. Celles-là sont les turquoises orientales, qui raient le verre, pierre précieuse, en conséquence. La Perse les fournit, ce sont les turquoises de vieille roche, pierreuses, calaïtes.

Les autres, d'un bleu verdâtre, bleu céladon, engorgé, opaque, sulfureux, comme jauni de bile, sont appelées turquoises occidentales ou osseuses. Elles ne sont que de l'ivoire fossile, des dents, des défenses d'animaux terrestres ou marins, qui ont été ensevelis dans le sein de la terre, et s'y sont ainsi colorés, pour avoir reçu avec le suc pétrifiant, une teinture métallique. Ces turquoises seraient donc comme les perles, un produit de la matière calcaire.

Une turquoise pierreuse d'un centimètre vaut 800 francs, une turquoise osseuse de même dimension ne vaut pas le quart de cette somme.

La plus belle turquoise des shahs — ils en ont des monceaux comme nous avons, nous, des tas de charbon — a une longueur de 4 pouces, pas un défaut, elle est de la couleur la plus exquise.

Les femmes tendres et gracieuses raffolent de turquoise, que quelqu'un a appelée le *vergiss-mein-nicht* des pierres.

En Russie, elle orne souvent l'anneau de mariage. N'est-elle pas l'emblème de la sincérité, de la confiance, de la vérité, de l'amitié, de la tendresse ?

Et puis, la turquoise porte bonheur. Elle a des vertus extraordinaires, elle fait des dons miraculeux. Elle fortifie la vue ; elle guérit de la fièvre quarte, de la mélancolie, des défaillances de cœur. Elle préserve de mort violente, d'assassinat, de naufrage sur mer.

Les nourrices arabes ont des bagues à chaton de turquoise pour augmenter la qualité nutritive de leur lait. Les cavaliers en incrustent une dans les sabots de leurs chevaux pour les empêcher de broncher.

Elle a encore une autre et bien précieuse vertu talismanique, elle rend actif, et son possesseur, ainsi armé, ne peut jamais tomber dans la misère.

Les Persans charment les turquoises pour en faire de précieuses et très efficaces amulettes. C'est peut-être la pierre préférée des Orientaux. Ils disent que, lorsqu'elle est bien bleue, elle emplit le cœur d'espérance et de courage, qu'elle appelle la tendresse. Ils affirment qu'elle change de couleur quand son possesseur est atteint de maladie et qu'elle se brise à sa mort.

Ce qui est certain, c'est que les turquoises se décolorent parfois, c'est qu'elles meurent. Les pierres précieuses vivent donc, puisqu'elles souffrent la maladie, la vieillesse et la mort?

Cette mort, disent les uns, pourrait être attribuée au tempérament de celui qui porte la turquoise. Mais cette assertion ne peut avoir de fondement quand il s'agit d'une gemme véritable.

Ce qui est probable, c'est que la turquoise meurt de soif. Il faut qu'elle contienne de 20 à 25 pour 100 d'eau, que la chaleur du corps peut faire évaporer. Il faudrait tenir toujours la turquoise dans l'eau aux moments où elle n'est pas portée.

On trouve des turquoises bleues en grand nombre dans la péninsule du Sinaï, qui fut le grand district minier des anciens Égyptiens. Mais l'antiquité ne paraît pas avoir connu ou estimé la douce gemme de tendre nuance.

Elle symbolise la jeunesse, les sentiments

affectueux. Elle dit : « Ne m'oubliez pas ! » comme la petite fleur dont elle a emprunté la couleur d'azur.

Elle fait penser aux beaux yeux des petits enfants, la jolie turquoise, yeux candides et confiants, si purs ! Oh ! elle est vraiment d'aspect céleste, il faut en parer les jeunes filles, afin qu'elle leur inspire les bonnes et sincères pensées. Et en la voyant à leur cou, nous évoquerons doublement le printemps, le ciel de mai.

Charmantes dans leur opacité, les turquoises s'encadrent délicieusement dans les brillants, dont la transparence et l'éclat ajoutent à leur beauté tranquille.

L'ALPHABET ÉTINCELANT

On écrit des noms, des mots, au moyen des pierres précieuses, et ce langage brillant est ignoré des profanes. Les joailliers appellent ce travail : « ouvrages à devises ».

Il sera agréable à beaucoup de connaître l'alphabet fourni par les pierres précieuses, de savoir qu'il y a en ce genre des lettres de grand prix et des lettres accessibles aux fortunes moyennes.

Pour former l'*A*, nous possédons l'*a*méthyste, l'*a*igue-marine, l'*a*gate, l'*a*mbre, l'*a*dlunaire, l'*a*labandine, l'*a*maganite ou *a*patite, l'*a*plome (une variété de grenat brun foncé) ; l'*a*venturine naturelle (demi-transparente, colorée en rouge ou en jaune, pailletée d'or) ; l'*a*lexandrite ; l'*a*galmatolithe, pierre de Chine, translucide, d'un blanc mat, légèrement teinté de rose, de jaune ou de vert.

Pour le *B*, nous ne trouvons que le *b*éryl, la *b*olénie et le *b*oort, diamant noué, diamant noir à cassure gris foncé, qui passe au noir.

C nous sera donné par la *c*hrysobéryl, la *c*hrysolithe, la *c*hrysoprase, la *c*alcédoine, la *c*ornaline, le *c*orail.

D, par le *d*iamant et la *d*iorite... à la rigueur.

E, par l'*é*meraude, l'*e*scarboucle, l'*e*ssonite.

F, par la *f*luorite, qui est le *spath fluor*, une pierre translucide à fond grenat opaque avec des veines blanches; et par la *f*ahlunite (dure) appelée saphir d'eau à cause de sa couleur.

G, par le *g*renat, le *g*irasol.

H, par l'*h*yacinthe, l'*h*éliotrope.

I, par l'*i*ris, pierre assez précieuse, espèce de cristal où se jouent les couleurs de l'arc-en-ciel. Il y a une *i*ris orientale, de valeur un peu plus grande, qui a la teinte du petit-lait, mêlé de bleu céleste. On connaît aussi une iris citrine.

N'oublions pas l'*idocrase* ou gemme du Vésuve. Cette pierre est d'un vert obscur, dans les mines de la Sibérie ; mais l'*idocrase* affecte aussi la couleur violette, on l'appelle alors maganésienne.

J, par le *jade*, le *jais*, le *jaspe*.

L, par le *lapis-lazuli* et le *labrador*, pierre gris foncé à reflets bleuâtres moirés, mélangés de pourpre et d'orangé, ou à reflets opalins, gorge de pigeon. Cette pierre, qui s'emploie en cabochons, est trouvée à l'île Saint-Paul, près de la côte du Labrador, d'où son nom.

M, par la *malachite* et la *marcassite*.

N, par l'onyx *niccolo*.

O, par l'*opale*, l'*onyx* et l'*obsidienne*.

P, par la *perle*, le *péridot*, le *paviot* ou *paniot*, sorte d'opale qui, suivant les jeux de la lumière, se colore diversement : « pierre appelée paniot verte », dit l'inventaire du duc de Berry, daté de 1416, « et qui, contre jour. est vermeille ». Pour fournir le *P*, nous aurions encore un cristal de roche, le *prime*, dont les

couleurs se rapprochent des pierres précieuses :
prime d'émeraude, de rubis, mais ce ne sont
que des cristaux.

Q, par le *q*uartz (un terme générique. Heureusement, il est peu de prénoms, de noms, de
mots commençant par cette lettre).

R, par le *r*ubis et la *r*ubace (cristal de roche rosé).

S, par la *s*pinelle, la *s*aphirine, le *s*aphir, la
*s*arde, la *s*ardoine, la *s*ardonyx.

T, par la *t*urquoise, la *t*opaze et la *t*ourmaline.

U, par l'*u*rane, demi-métal qui fait l'effet du
labrador, se taille aussi en cabochon et dont la
couleur sombre est bleuâtre.

V, par la *v*ermeille, qui est l'hyacinthe lorsque sa couleur, naturellement jaune orangé, se
mélange d'une teinte rouge. La vermeille orientale est un corindon rouge écarlate; la vermeille occidentale est un grenat rouge orangé.

X, par le *x*ylopale, qui signifie bois pétrifié.
(Employé pour l'alphabet surtout.)

Z, par les *z*ircons. Ce sont des pierres précieuses de Ceylan, qu'on appelle aussi *jargons*.

Espèce de diamant jaune. Le zircon est aussi tantôt blanchâtre, grisâtre, verdâtre, bleuâtre, brunâtre. Pâle, c'est le *jargon* ; foncé, c'est l'hyacinthe. La *zirconite* est d'un brun rougissant.

Les filles d'Ève aiment ces hiéroglyphes étincelants, elles les épèlent avec bonheur, tout ce qui a ombre de mystère les attire.

On a inventé un très joli bracelet *parlant* qui s'offre en premier cadeau. C'est un cercle d'or d'où pendent sept petits cœurs taillés dans des pierres fines et placés dans cet ordre :

Cœur de malachite.	**M**
— d'onyx.	**O**
— de niccolo.	**N**
— d'alexandrite.	**A**
— de malachite.	**M**
— d'iris.	**I**
— d'essonite.	**E**

Pour les femmes tendres, aimantes, un bracelet où leur nom est écrit avec les gemmes les plus humbles, les plus obscures, a mille fois plus de prix que la rivière de diamants ruisselante de feux... si celle-ci est offerte avec indifférence, tandis que les modestes lettres de pierres auront été, au contraire, dictées avec amour par des lèvres adorées.

Il ne faut donc pas dédaigner l'alphabet minéralogique.

Pour écrire le nom de Suzanne, voici comment on clouterait un bracelet :

S saphyr.
U urane.
Z zirconite.
A améthyste.
N niccolo.
N niccolo.
E Émeraude.

Celui de Marie :

M malachite.
A agathe ou ambre.
R rubace.
I iris.
E essonite.

On peut aussi bien tracer des mots, on l'a vu,
chérie, par exemple :

C   chrysolithe.
H   hyacinthe.
É   escarboucle.
R   rubis.
I   iris.
E   émeraude.

Adorée :

A   améthyste.
D   diamant.
O   opale.
R   rubis.
É   émeraude.
E   escarboucle.

Ce bracelet est un cadeau de fiancé, de mari
très épris.

UN DERNIER MOT SUR LES PIERRES

Voilà, à peu près telles qu'elles sont venues à ma connaissance, toutes les légendes, les superstitions et les croyances se rattachant aux pierres précieuses.

Il ne faudrait peut-être pas trop en sourire.

« Toute beauté a son âme, dit Émile Michelet; une âme mystérieuse aux vertus profondes se cache dans le corps de la pierre précieuse, manifestée seulement par quelques scintillements fascinateurs. Et cette âme mystérieuse des pierres, il est donné aux femmes de la soupçonner, et à quelques voyants d'entre les hommes de la comprendre et de l'approfondir. »

On nous dira que nous n'avons pas mentionné les pierres de Deucalion ou de Pyrrha, précieuses entre toutes, puisqu'elles ont donné naissance à l'humanité.

Nous avons négligé aussi les pierres fabuleuses, qui, presque toutes, sont des talismans d'amour. Ce sont gemmes chimériques, gemmes de sorciers. La véritable magie ne les connaît pas.

Il y aurait lieu encore de nommer les pierres basilidiennes, qui sont également des amulettes ; et les *pierres de foudre* ; et celles que les bergers suspendent au cou des animaux à titre de défense ; et les pierres debout. Mais cela nous entraînerait loin, et puis, pour précieuses qu'elles sont, elles ne concourent pas à embellir la femme. Ajoutons seulement que c'est le désir passionné qui crée le porte-bonheur, comme une crainte intense doue de propriétés contraires un objet peut-être inoffensif en lui-même.

L'imagination donne vie à toutes choses, les revêt de vertus salutaires et bénéfiques, ou de pouvoirs maléfiques. Si vous avez foi aux pro-

priétés préservatrices d'un collier de turquoises,
vous serez plus vaillante, partant plus assurée,
contre le malheur. Si vous croyez que les perles
font pleurer, repoussez-les, car elles vous ren-
draient faibles devant l'épreuve, et vous verse-
riez, en effet, des larmes.

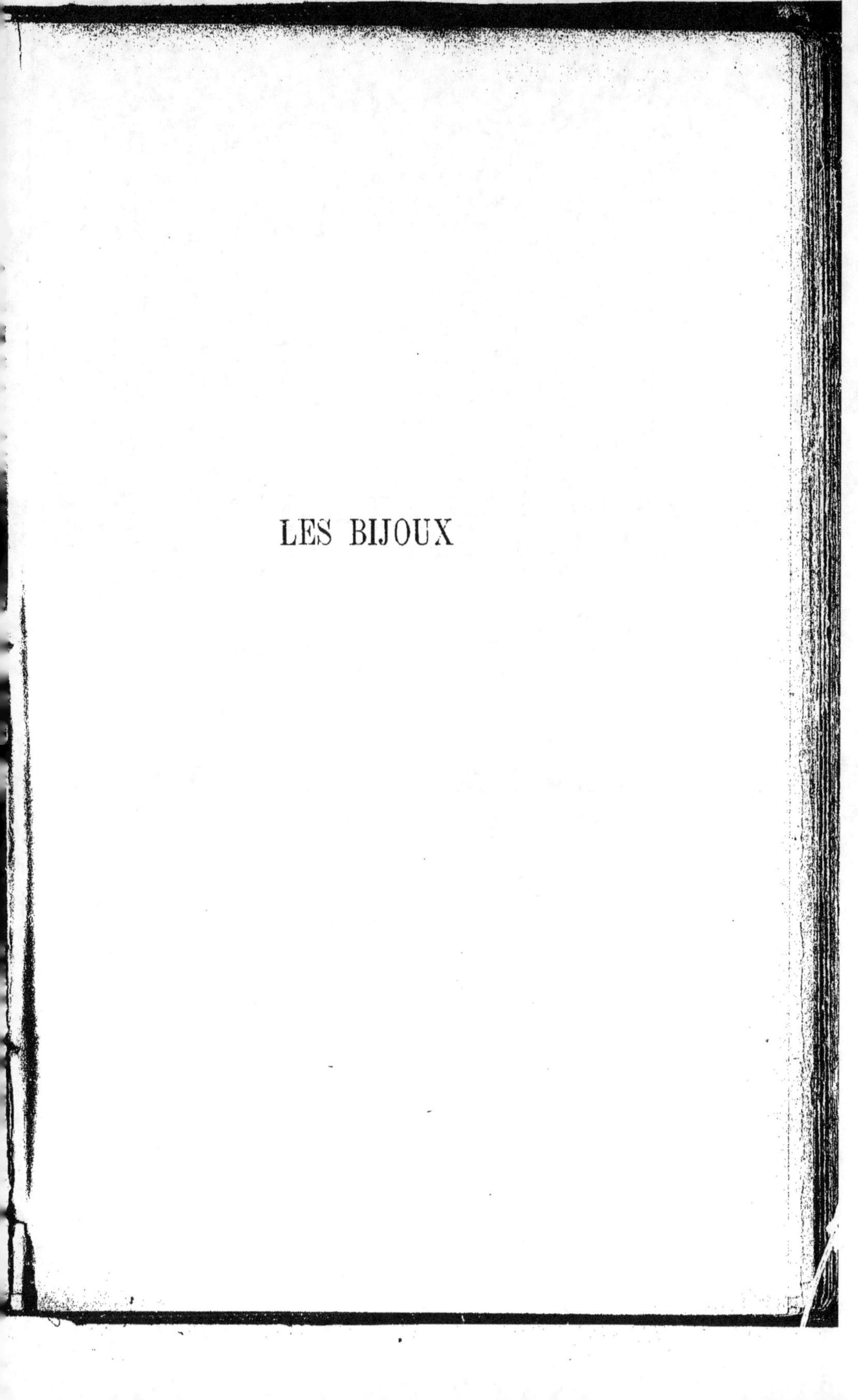

LES BIJOUX

LES BIJOUX

Comment aborder ce sujet sans penser à ce qu'un bijou coûte parfois de souffrances, de larmes et de sang ; peut-on oublier qu'il a fallu souvent leur sacrifier la paix, le bonheur... l'honneur ?

Elles sont effrayantes les conséquences qu'ont eues parfois pour l'humanité la coquetterie et la vanité féminines... excitées plus d'une fois par l'orgueil de l'homme et son manque de raison. Il est vraiment pénible de s'arrêter aux malheurs qui en sont résultés depuis que le monde existe.

Toutefois, ne croyez pas que je blâme la joie éprouvée par la jeune fiancée lorsqu'elle reçoit les bijoux qui lui sont offerts par celui dont elle est aimée, pour servir à sa parure de jeune femme. Ce qui est triste, c'est de se dire que, pour posséder de nombreux écrins, les femmes ruinent, avilissent parfois l'homme épris d'elles.

Mais, à moins que le fiancé ne soit bien pauvre, la plus humble paysanne peut attendre quelque joyau, en outre de la bague de fiançailles et de l'anneau de mariage. On sourit au plaisir naïf qui lui vient de se croire embellie par quelques morceaux d'or et de cailloux, et surtout du bonheur qu'elle éprouve à se voir parée par les soins, par l'amour de celui qu'elle aime, dont elle va être la douceur et l'honneur.

Donc, avant de parler des bijoux, je voudrais bien faire entendre que si la femme peut en désirer quelques-uns et les aimer pour les souvenirs doux et sacrés qu'ils évoquent, que si elle peut porter sans scrupule ceux qui lui ont été donnés librement, sans qu'elle les ait demandés, sans qu'ils aient été payés de quelque sacrifice terrible, il est, par contre, odieux à elle d'abuser de l'amour qu'elle inspire à un homme et de la faiblesse de celui-ci pour exiger de coûteuses parures, l'obligeant quelquefois à faire bon marché de sa loyauté, de sa probité pour les lui procurer.

Ces femmes-là ne sont femmes que de nom, puisqu'elles ignorent ce qui constitue la beauté véritable, ce qui fait le bonheur réel, ce qui donne les plus vrais triomphes.

Je n'ai jamais qu'une triste idée du cœur, du goût, de l'intelligence des femmes couvertes de bijoux.

Une femme de cœur ne pourrait, sans remords, dépenser des sommes considérables pour se donner, en grand nombre, ces hochets, dont le prix représente tant de choses utiles, nécessaires, indispensables.

Une femme dont le sens esthétique est quelque peu développé sait bien que, pour être jolie, il ne faut pas écraser sa tête sous les diamants; un seul bijou lui suffit pour rehausser toute une toilette ou une coiffure : une femme qui sait s'habiller n'abuse même pas des fleurs dans sa parure. Une femme intelligente ne saurait consacrer toutes ses pensées, tout son temps à vouloir éblouir le vulgaire.

Il est vrai que quelques-unes ont reçu, par transmission d'aïeux, ces quantités de joyaux. C'est un trésor héréditaire, qui s'augmente de génération en génération, qui est souvent conservé au même titre que de précieuses archives, ou comme celui qui appartient à la couronne et que les rois ne peuvent aliéner. Dans bien des familles, c'est un dépôt : il appartient aux héritiers du nom qui se succéderont de siècle en siècle. On comprend, jusqu'à un certain point, le respect qu'ils inspirent : ce sont des souvenirs.

Mais, alors même, il faut bien se garder de s'en couvrir au point de ressembler à une châsse. Et quand on trouve dans sa corbeille ces collections de bijoux de famille, on ne doit plus en accepter de nouveaux que ceux qui marqueraient une date inoubliable.

LES BIJOUX A TRAVERS LES AGES ET LE MONDE

Les spécimens retrouvés ou conservés de la bijouterie de toutes les époques et de toutes les contrées, témoignent du besoin instinctif qu'a éprouvé l'homme de se parer, de s'embellir, dans tous les temps.

Aujourd'hui, il se fait peu et même pas de bijoux masculins, en dehors de ceux qui sont utiles : épingle qui attache ou maintient la cravate, bague-cachet et alliance, montre, boutons qui ferment la chemise et les manchettes ; les breloques même sont abandonnées. Cette simplicité est un signe de civilisation très raffinée. Tandis que l'homme primitif se pare bien avant la femme des bijoux rudimentaires qu'il invente.

Dès que l'Orient connaît les arts, il professe

un grand amour du bijou, il le prodigue sur la personne, dans le costume. Aujourd'hui encore, les hommes comme les femmes, en ces pays, font abus des joyaux plus ou moins artistement sertis. Dès l'antiquité, les Hindous, les Siamois, les Chinois, les Persans portent bagues, pectoraux, colliers, bracelets, etc. Les sculptures anciennes en témoignent. Par exemple, les Japonais n'en ont pas.

Les Phéniciens, les Assyriens, les Hébreux, les Babyloniens, les Arabes en font un grand usage. Les Égyptiens avaient des bijoux d'une extrême beauté, décorés d'émaux superbes.

Les Romains ont poussé la passion des bijoux jusqu'au délire. Ils aimaient fort les camées; ils suspendaient à leurs colliers des pièces de monnaie, merveilleusement encadrées d'or à dessins ajourés.

Les bijoux étrusques ont beaucoup de grâce et de distinction. Les Grecs, qui aimaient à se parer de pendants d'oreilles, de bagues, de bracelets, de colliers, ont fait des emprunts à l'art charmant de la bijouterie d'Étrurie.

Les Gaulois avaient des agrafes, des fibules, des bagues, des bracelets, des colliers, des épingles. Nous possédons des bijoux mérovingiens.

Byzance s'occupe plutôt d'orfèvrerie que de bijouterie, et exécute surtout des châsses émaillées. Cependant les impératrices y ruissellent de pierreries et de bijoux.

Le moyen âge n'ajoute presque rien à cet art. Pourtant il nous donne la couronne de Charlemagne. Celle des rois visigoths, remarquable également, a subi l'influence de l'art byzantin.

Mais voici la Renaissance, et ce sont des œuvres hors de pair. Les vieux Égyptiens, les Hindous n'ont rien fait de plus beau. Mais c'est un Benvenuto Cellini et d'autres artistes, qui l'égalent presque, qui cisèlent, burinent, créent. Les *haultes dames* du temps vont visiter l'Italien dans l'atelier que lui a fait établir François Ier, pendant que son élève Ascanio travaille au lis de diamant.

Cet art ne s'arrêtera plus. Aux parures proprement dites, on ajoutera les mystères : un épinglier, un couteau enfermé dans une gaine, une escarcelle, le tout suspendu à la ceinture, et chaque pièce montée en or ou en argent et enjolivée selon le goût du temps ; des bijoux enfin, comme sera plus tard la tabatière, dont les vrais élégants posséderont plus d'un spécimen, pour varier, changer chaque jour cette boîte qu'on portera à la main très ostensiblement, presque toute la journée. Mais avant la mode du tabac à priser, il faut rappeler le faste de Buckingham qui, à la cour de Louis XIII, sème sur son passage les perles qu'il a fait coudre négligemment — tout exprès — sur son manteau, et qui a l'insolence de ne pas les reprendre des mains de ceux qui les lui ramassent.

Sous Louis XV le bijou se raffine, mais il est tarabiscoté, comme toutes choses de ce style.

Le style Louis XVI plus sobre, un peu froid, convenons-en, lui succède et fait sentir son influence en fait de bijoux, comme dans les ajustements et l'ameublement.

Puis nous avons les bijoux copiés sur ceux des Grecs et des Romains. L'antique est tellement imité en tout, pour tout, partout, qu'on s'écrie :

« Qui nous délivrera des Grecs et des Romains? »

Hélas! c'est un goût contestable qui remplace le goût du classique. Il faut attendre 1850 au moins pour revoir de jolis bijoux, et, depuis, on réalise des progrès extraordinaires.

Que n'a-t-on pas inventé, depuis le jour où l'on perça des coquillages et des baies pour les enfiler sur une herbe et s'en composer bracelets et colliers?

Les pierres qu'on trouve dans les entrailles de la terre sont taillées pour leur donner plus d'éclat. On les sertit d'argent ou d'or. Les bijoux que n'embellissent ni les gemmes, ni les perles, sont émaillés, ciselés, niellés. On invente le charmant travail de filigrane; on met toutes choses belles ou rares à contribution.

Quand on découvrit le Nouveau Monde, l'art de la bijouterie n'y était pas inconnu. Les sujets de Montézuma travaillaient l'or fin, connaissaient les ouvrages de filigrane. Les Péruviens, eux aussi, ont laissé quelques spécimens de bijoux, ils sont d'un goût barbare, très éloignés de ce qui nous reste des œuvres de ce genre exécutées, aux temps antiques, en Asie, en Europe et en Afrique.

LA BAGUE ET LES ANNEAUX

L'anneau ne doit être connu que depuis l'époque où l'homme a su travailler les métaux. Cependant, un auteur assure qu'à l'âge de la pierre polie, on a porté des bagues formées de coquillages.

Il faut distinguer entre les bagues et les anneaux. Ceux-ci ne devraient être jamais qu'un simple cercle de métal; les bagues, plus lourdes. sont en général augmentées d'un chaton garni d'une pierre précieuse ou gravé pour servir de sceau, de cachet — l'anneau *sigillaire* des Romains, le *signes* des Grecs.

L'anneau le plus anciennement mentionné est l'anneau de métal que Prométhée dut porter au doigt, par ordre de Jupiter, afin de garder

le souvenir de son enchaînement sur le Cau-
case.

Les Grecs désignaient les anneaux sous un
nom signifiant ornement des doigts. Sapho
écrivait à une amie : « Ne sois pas si fière pour
une bague. » Aristophane dans les *Nuées* parle
des fats qui chargent de bagues leurs doigts jusqu'aux ongles! Cependant les Grecs n'avaient
porté longtemps qu'un seul anneau, qu'ils glis-
saient au quatrième doigt de la main gauche.

Les Romains non plus n'adoptèrent d'abord
qu'un anneau, et c'est des Étrusques qu'ils
empruntèrent cet usage des bagues. Et, bientôt,
il leur en fallut à chaque doigt sauf au médius,
et presque à chaque phalange. Bien mieux, ils
eurent anneaux d'été, bagues légères, et anneaux
d'hiver, lourdes bagues chargées de pierreries.

D'abord, les sénateurs seuls eurent le droit
de porter l'anneau. Le privilège s'étendit vite
aux chevaliers, le genre d'anneau différenciait
les castes. Peu à peu toutes les catégories de
citoyens furent admises à se parer de cet orne-

ment, qui resta longtemps de fer pour le peuple. L'anneau cessa alors d'être marque distinctive, et on put le demander aux métaux les plus précieux. L'esclave pourtant dut se contenter de l'anneau de fer.

En Orient, il semble que la bague ait toujours existé. Tous les livres de l'Inde antique en ont parlé. D'après le *Ramayana*, l'anneau servait à se faire reconnaître des initiés.

Les Égyptiens lui conféraient le signe d'autorité et en faisaient un sceau destiné à donner aux actes l'authenticité nécessaire. On a recueilli des quantités de bagues dans les tombeaux égyptiens. Presque tous les chatons gravés représentent des emblèmes sacrés, des légendes hiéroglyphiques. Ils portent parfois aussi un nom propre ou un simple souhait.

Il y a de ces bagues en terre cuite qui devaient être exclusivement fabriquées pour les morts, car elles sont d'une trop grande fragilité pour avoir été portées par des vivants.

14.

Les anciens Égyptiens avaient des bagues à chaque doigt. L'anneau-cachet ornait le pouce; le petit doigt ne recevait qu'une seule bague, on en glissait plusieurs à l'index, au médius et à l'annulaire (qui a pris son nom de l'usage qu'on en faisait plus que de tout autre, pour porter des bagues). Ces ornements étaient d'une extrême richesse, mais en signe d'humilité, on les retirait quand on invoquait les dieux.

D'après Aïchah, femme de Mahomet, le prophète et les califes ses successeurs portaient l'anneau à la main droite, mais il y eut variante. Haroun-al-Raschid choisit la main gauche pour porter l'anneau, que le grand Ali fit établir en carton, avec cette inscription : « Gloire à Dieu tout-puissant. »

Un autre calife ayant appris que son fils avait acheté, au prix de 1000 dinars d'or, une pierre précieuse pour orner son anneau, lui ordonna de prendre un anneau de carton et de vendre son rubis au profit des malheureux. Que ne peut-on forcer à agir de la sorte quel-

ques femmes trop éprises de parures et de
vanité?

Dans l'antiquité, le chaton était presque
toujours une pierre gravée. Les Étrusques raf-
folaient de l'image du scarabée (symbole d'éternité chez les Égyptiens). Le sigillaire des Romains représentait un portrait d'ancêtre ou
l'effigie d'un dieu, une allusion symbolique à
l'histoire réelle ou mythologique de la race à
laquelle on appartenait. C'étaient des intailles
de la plus grande beauté.

Mais il y avait (il y a encore) des bagues
médicales, des bagues charmées.

L'anneau des brahmanes possédait de surna-
turelles vertus. Chez les Romains aussi, il y
avait des anneaux constellés, qui guérissaient
une foule de maux. On revoit de ces bagues
douées d'extraordinaires propriétés.

La figure d'Hercule étranglant le lion, gravée sur un chaton, était un remède certain contre les maladies d'intestins. Edouard le Confes-

sœur possédait une bague qui guérissait de l'épilepsie. Aujourd'hui ces bagues sont composées de métaux dont la combinaison détermine une certaine électricité.

Les Orientaux croient toujours aux anneaux enchantés. Ils parlent encore de celui de Salomon, grâce auquel ce prince avait rendu la nature esclave de ses volontés.

Selon eux, il faut porter quatre bagues; l'une serait ornée d'un rubis, pour combattre la soif; l'autre d'une turquoise pour se préserver de la misère; la troisième d'une agate pour posséder la foi et la piété; la quatrième serait faite de fer chinois pour obtenir prudence et vaillance.

Ces superstitions concernant les bagues ont eu cours dans toute l'antiquité, et les temps modernes ne les ont pas rejetées. De nos jours, bien des gens croient encore au pouvoir magique d'une bague.

BAGUES ET ANNEAUX DIVERS
DES TEMPS MODERNES

L'anneau est venu jusqu'à nous, sans inter-
ruption, depuis les temps reculés dont nous
avons parlé.

Les Celtes ou Gaulois, les Bretons portant une
bague au doigt médius, les Francs adoptèrent
cet ornement. Le moyen âge n'eut garde de le
repousser. Les inventaires que nous possédons
de cette époque et de celle de la Renaissance,
témoignent que les bagues étaient considérées
comme bijoux de gens importants.

Il fallait être au moins juge ou docteur pour
se permettre le luxe des bagues, si l'on n'appartenait au clergé ou à la noblesse.

Alors, les grands personnages portaient des
bagues de pouce, connues en Angleterre sous le

nom de *thumb ring*; c'était la bague-cachet.

Le menu peuple ne pouvait s'offrir que l'anneau de mariage. Du moins toute personne célibataire qui, en dehors des catégories que nous avons indiquées, se serait montrée avec des bagues aux doigts, eût été taxée de vanité, d'orgueil.

Ce fut aux XVIIe et XVIIIe siècles que l'anneau se généralisa.

Nous possédons la description d'une bague de Charles-Quint : « Bague d'or où il y a une dame accoustrée à l'égyptienne, mise sur une feuille d'or, au-dessubz est ung ballais, mis en chaton, aiant à l'entour cincq perles mises en molinet; et au dos est ung ardillon avec une boucquelette à attacher ladicte bague. »

La Venise du XVIe siècle inventa les *anneaux de mort*. Ces bagues renfermaient à l'intérieur un poison qui en sortait dans une pression de main, à peu près à la façon dont le virus venimeux sort de la dent du serpent.

Rencontrait-on un homme dont on avait juré la perte, on allait à lui, avec de grandes et perfides démonstrations d'amitié, on lui serrait vigoureusement la main, et la piqûre qu'on lui faisait avec la sinistre bague, portée alors au-dessus du gant, lui donnait sûrement la mort.

Non moins tragique est l'histoire de l'anneau du Comte d'Essex. C'était un bijou qu'Élisabeth avait donné à son favori, pour lui servir au cas où il aurait à réclamer la protection de la reine. Le jeune homme, qui s'était rebellé contre sa protectrice, lui retourna bien la bague lorsqu'il fut condamné à mort. Mais l'anneau arrêté par les pires ennemis du Comte ne parvint pas à la souveraine, qui laissa exécuter celui qu'elle avait élevé si haut.

Pour dissiper la tristesse de ces récits, racontons une anecdote du xviiie siècle concernant une bague de femme. C'est une dame de la Cour qui eut la fantaisie de posséder le portrait de son canari enchâssé dans une bague. « Vous me permettrez de vous l'offrir, » dit le prince de

Conti qui l'avait entendu exprimer ce désir. « Oui, Monseigneur, mais sans aucune pierrerie. »

Le prince envoya le portrait d'oiseau dans un chaton recouvert d'un diamant qu'on pouvait soulever. La dame enleva la gemme et la renvoya. Alors, le galant prince fit broyer la pierre et se servit de la poudre étincelante qu'elle lui avait fournie pour sécher l'encre du billet, qu'il écrivit à l'inflexible jeune femme pour lui reprocher la dureté de son cœur.

Nous avons beaucoup de spécimens des bagues de cette époque. Elles sont émaillées, à portraits, à miniatures, à chaton orné de diamants, de rubis table, de grenats.

On a créé les *bagues d'amitié*. Une simple et honnête amitié entre homme et femme, entre jeunes filles, entre jeunes hommes, se cimente ou se solennise, de l'autre côté de la Manche, par un échange d'anneaux. Ils sont pareils, ornés d'une pierre bleue, la signification de cette couleur étant confiance, amitié, sincérité.

Finissons par l'anneau sacré, ou *anneau du pêcheur*, qui appartient aux papes de par un usage remontant aux premiers siècles de l'Église, et qu'on brise à la mort de chaque Pontife. Le Saint-Père signe les brefs apostoliques de cet anneau, qui porte l'image de saint Pierre (le pêcheur) assis dans sa barque.

Au chapitre *améthyste*, nous avons parlé de l'anneau des évêques.

LA BAGUE DES FIANÇAILLES

La bague des fiancées est toujours un cercle d'or orné d'une ou plusieurs pierres précieuses, chez nous du moins. La bague des fiancées du Liban est composée de petites perles enfilées et de petits sequins d'or qui pleuvent coquettement sur le doigt. Les mauresques l'ornent du diamant en rose formant pavé.

Elle est offerte peu de jours après que la demande en mariage a été agréée, et elle devient le signe d'un engagement qu'on ne peut déjà plus rompre sans des motifs très graves.

Elle est bien heureuse, la jeune fille, le jour où le fiancé lui apporte cette bague. Comme sa main, que l'aimé est autorisé à baiser... dévotement, lui paraît plus jolie, parée de ce premier bijou sérieux! Avec quel plaisir elle fera

admirer cet anneau, qui lui confère une importance qu'hier encore elle n'avait pas.

En Norvège, le fiancé porte aussi l'anneau
des fiançailles. Tout homme, en ce pays, exhibe
la marque extérieure de sa loyale soumission
au lien accepté, c'est très beau et d'une grande
honnêteté.

Ces bagues sont d'or pour les riches, d'argent ou de filigree pour les pauvres.

Au reste, la façon de porter les bagues serait
tout un langage, si l'on voulait. Glissée à l'index
(ce qui n'est pas joli), elle dit : « Je me marierais
volontiers ! » Au doigt du milieu : « J'ai donné
mon cœur. » Au quatrième : « Mariée ou fiancée,
n'y pensez pas. » Au petit doigt : « Je veux
coiffer sainte Catherine. »

La bague placée au doigt masculin dit exac-
tement les mêmes choses.

Les fiancées françaises portent toujours la
bague des fiançailles au quatrième doigt de la
main gauche, les Américaines lui ont consacré
le troisième doigt. Les unes et les autres, après

le mariage, surmontent l'alliance de leur bague de fiancée.

Les fiancées allemandes portent cette bague de la même façon que nous, seulement, après le mariage, elles la glissent à l'annulaire de la main droite.

L'ANNEAU DE MARIAGE

L'anneau de mariage (l'alliance) est, avec la
bague de fiancée, ce que la femme envie le plus
en ce monde. A la rigueur, elle se contentera
de ces deux bijoux; et, par contre, elle croira
avoir manqué sa destinée, s'ils ne brillent pas
à son doigt.

La Bible ne parle pas de l'anneau de mariage
et, pourtant, on dit que ce sont les Israélites
qui ont mis la bague d'alliance au doigt de
l'épouse.

Les Romains offraient l'anneau de mariage
dès le jour des fiançailles, le jour où celui du
mariage était fixé, c'était bien l'anneau d'épou-
sailles. La jeune fiancée le passait au quatrième
doigt de la main gauche (comme nous faisons)
s'imaginant qu'un nerf s'étendait de ce doigt

jusqu'au cœur. C'était aussi la croyance des Égyptiens. Puis chez ces adorateurs d'Isis, ce doigt était consacré à Apollon et au soleil, aussi le métal choisi pour cet anneau devait-il être l'or.

Le jeune Romain envoyait cet anneau à la vierge que sa famille lui avait choisie comme un symbole de la fidélité qu'il lui vouait à jamais. La forme circulaire de l'anneau n'indique-t-elle pas que l'amour est sans fin, tourne dans un cercle, cet emblème de l'éternité?

L'or aussi était employé du temps de Pline pour former cet anneau, mais on en faisait en fer, orné d'un diamant, pour dénoter la solidité du contrat. Ou bien, il avait un chaton d'aimant, qui avait pour signification l'attraction qui existe entre les époux. Le chaton portait souvent une devise, une clef, par exemple, qui figurait l'autorité et la responsabilité de la femme dans la maison de son mari.

Nous savons que la coutume de la bague d'alliance était en faveur chez les Saxons, qui for-

maient ce bijou de l'or le plus pur. Cette bague
était d'abord placée au pouce de la statue de
Dieu le Père, puis à son second doigt en l'honneur du Fils; enfin au troisième pour le Saint-
Esprit. C'était reconnaître la Trinité divine.
Cette cérémonie terminée on passait la bague
au quatrième doigt de la jeune fille, qui ne
l'enlevait plus jamais, de même qu'elle ne l'eût,
pour rien au monde, glissée à son doigt avant
la bénédiction nuptiale, puisqu'elle doit être
mise au doigt pour toujours.

Dans le rituel de certaines provinces anglai-
ses, l'époux passait la bague au pouce de la
jeune femme en disant: « au nom du Père », à
l'index, « au nom du Fils », au troisième doigt,
« au nom du Saint-Esprit », au quatrième, où
elle restait, « amen ».

Au moyen âge, on bénissait ainsi l'anneau
d'alliance : « Seigneur, disait le prêtre, sanctifie
cet anneau que nous bénissons en ton nom, et
que cette femme portera, quoiqu'il arrive, pour
se maintenir dans la paix, croître et vieillir dans

l'amour de son époux, pour être multipliée dans de nombreux enfants et de longs jours. » A cette époque où la femme seule portait l'anneau — aujourd'hui l'époux aussi en passe un à son doigt — on disait qu'il était le signe de sa subjection et que de le lui faire porter à la main gauche augmentait encore ce symbolisme, mais il est aisé de comprendre que les femmes de toutes nations et de toutes conditions travaillant à l'aiguille, si ce n'est d'autre façon, il fallait que la bague qu'on ne quitte jamais occupât un doigt de la main gauche, pour plus de commodité.

Au contraire, les Hébreux en donnant l'anneau à la femme lui auraient conféré ainsi une délégation d'autorité comme les Romains, tout à l'heure; le pouvoir de représenter le maître, de donner des ordres en son nom.

Il est bien vrai que, dans la Grèce moderne, l'époux porte anneau d'or et l'épouse anneau d'argent. L'infériorité du métal symboliserait l'infériorité de la femme. Mais n'est-ce pas plu-

tôt une survivance du vieux culte du soleil et
de la lune, qu'on exprime encore par la différence des métaux?

Dans l'Eglise grecque, c'est le quatrième
doigt de la main droite de la femme, qui est
attribué à la bague d'alliance. Au reste, jusqu'à
la Réforme, ce fut aussi la main choisie en Angleterre.

En ce même pays voisin, quand la bague
d'alliance manquait, on célébrait quand même
le mariage, en passant au doigt de l'épousée
l'anneau de la clef de l'église, ou on coupait une
lanière à un gant et on lui donnait forme de
bague.

Le duc de Hamilton voulant être marié
sans retard avec une jeune actrice célèbre,
dont il venait de tomber amoureux, on se
servit d'un anneau de rideau, pour remplacer
la bague.

Un assistant prêtait parfois le bijou tradition-
nel. Mais il arriva une fois que le chaton d'une
bague emprunté portait une tête de mort, et la

fiancée apercevant le sinistre ornement s'évanouit.

On a porté des anneaux d'argent: en Russie, c'est encore à ce métal que les pauvres demandent l'alliance. Mais ils l'ornent d'une pierre bleue, du verre, le plus souvent. En Angleterre, l'anneau d'argent fut souvent gravé: c'était l'effigie d'un saint ou parfois quelques vers: Shakespeare fait allusion à cette coutume.

Les anneaux de mariage des xve et xvie siècles étaient, en Italie, ornés de diamants, dans la croyance où l'on était que la précieuse gemme avait le mystérieux pouvoir de maintenir l'amour entre les deux époux. On aimait aussi les bagues d'argent niellé

En Espagne encore, où l'on ne donne pas à l'alliance l'importance que nous lui accordons, ce n'est pas un simple cercle d'or. C'est une bague très ornée de pierreries, qu'on porte à la main droite, et pas constamment.

Il y a un siècle, les anneaux à chaton de diamant ou autre gemme, furent en vogue un peu partout. Parfois aussi, on réunissait deux, trois et quatre anneaux sous un cœur, sous deux mains unies et, dans l'intérieur, on gravait des devises dans le genre de celles-ci : « Infini et pur est notre amour. » « Sans fin, comme mon amour. » « Je renonce à tout, sauf à toi. » « La mort seule sépare les cœurs aimants. » « Une femme aimante prolonge la vie de l'époux. » « Puissions-nous former un couple pareil à Isaac et à Rébecca » (celle-ci inventée par un pasteur anglican).

Cinq bagues d'alliance anciennes qui ont été exposées portaient ces expressions votives : 1° « Mon cœur est à vous. » 2° « Avec ceci je vous donne mon cœur et ma vie. » 3° « Dieu donne accroissement et paix à l'amour. » 4° « Dieu a décrété notre union. » 5° « Cœur content ne peut se repentir. »

Aujourd'hui, à l'intérieur de l'anneau tout uni et assez épais, on grave le nom des époux et la date du mariage.

Je n'ai pas parlé de l'anneau que saint Louis

offrit à sa femme, la devise en est trop connue.

Le moment où l'anneau est glissé au doigt de la femme est, pour elle, le plus important de la cérémonie. C'est juste. Mais aussi c'est que, si le mari ne fait pas dépasser à la bague la seconde jointure du doigt, il cédera la souveraineté à la jeune femme dans le ménage. Au contraire, fait-il atteindre à l'anneau l'origine du doigt il voudra rester le chef et le protecteur, ce qui est bien véritablement son rôle, royauté qu'on a bien tort de ne pas lui laisser exercer.

LE BRACELET

Le bracelet remonte à une haute antiquité. Il semble bien n'être que l'anneau agrandi et porté au bras, au lieu d'être passé au doigt.

Aux temps anciens, les hommes l'adoptent comme la femme. Et cet usage existe encore en Orient et chez les peuples sauvages. D'ailleurs, les *swells* d'Angleterre et quelques princes reprennent cet ornement, qui devrait pourtant n'être départi qu'aux bras blancs et gracieux de la femme.

Mais l'aristocratie européenne pense différemment. En Autriche, notamment, tous les officiers de marine portent une effigie de saint Pierre suspendue au cercle d'or qui enserre leur bras sous la manche de leur uniforme.

Les Romains offraient souvent le bracelet

(*armilla*) en récompense de la valeur. La forme la plus ordinaire de cet ornement était celle d'un serpent, dont la queue touchait la tête (encore un symbole d'éternité !), ou qui était tortillé sur lui-même. Parfois, il ressemblait à un cordon tressé, terminé par deux têtes de serpent.

Celui que les femmes portaient au bras gauche avait nom *spinter*. Le grand bracelet s'appelait *cossula*, il était sans doute à l'usage des hommes. Ceux qu'on appelait *haltères*, *echini*, *enici* se distinguaient des autres par la place qu'ils occupaient : on en mettait depuis le haut du bras jusque sur les doigts. L'empereur Maximin plaçait à son pouce le bracelet de sa femme ; voilà qui donne une idée de ses dimensions physiques.

Les bracelets romains étaient demandés à l'or, à l'ivoire, au fer qu'on recouvrait parfois d'une lame d'argent. On y attachait souvent un anneau ou une médaille ; on enchâssait dans ces bijoux des pierreries ou des grains de succin (ambre jaune). Ceux des femmes étaient agrémentés d'une chaînette.

Tarpéia qui, en livrant le Capitole, trahit son père (auquel on avait donné la garde de la forteresse), en même temps que sa patrie, exigea, comme prix de son crime, les bracelets d'or que les guerriers ennemis portaient au bras gauche.

Les Gaulois chevelus avaient donc adopté cette parure pour leurs bras nus. Leurs femmes n'en eurent que plus tard, copiés sur ceux des dames romaines, en ivoire, en écaille, en or, en argent; ciselés, ornés de perles, de pierres précieuses.

On voit pourtant disparaître le bracelet pour un temps. Puis il est replacé au bras des femmes de France au xiiie siècle. On l'appelle *manicle* pendant le moyen âge et le nom lui est encore gardé à l'époque de la Renaissance. Dans Parthenopex de Blois (1240) on lit :

> Li bras sont fort par les manicles,
> Qui faites sont d'or et d'ornicles.

Dans l'inventaire de la belle Gabrielle (1599),

on note : « Deux manicles d'or couverts de rubis d'Inde. »

Sous le Directoire, les bracelets firent fureur. On en porta non seulement aux poignets, mais aux chevilles, alors, il aurait fallu leur donner un autre nom. Mme Tallien ne se contentait pas, dit-on, d'orner ses jambes de ces anneaux, elle en avait jusque par-dessus les genoux.

Après ce temps, jusqu'à il y a une quarantaine d'années, le bracelet fut un bijou de femme riche ou occupant une certaine position sociale. Mais le voilà dans toutes les classes. On doit cela à l'idée qu'on eut d'en faire un porte-bonheur, quand il affectait la forme d'un cercle épais, ou se composait de plusieurs cercles (trois, sept ou treize) réunis d'une façon quelconque. Toutes voulurent posséder une amulette qui, en outre, était un ornement.

Mais, de temps en temps, le bracelet subit encore une éclipse.

On connaît aussi le bracelet-reliquaire. Vous avez deviné qu'il appartient à la catholique

Espagne. C'est un présent très apprécié des señoras. Un médaillon qui contient une relique de leur patronne principale (car elles en ont jusqu'à dix ou douze) — ossement, cheveux. lambeaux d'étoffe, — pend souvent au cercle d'or qui entoure leur poignet. Et il n'est pas rare de les voir s'interrompre brusquement dans la conversation pour baiser dévotement ce reliquaire.

En Angleterre, on passe dans le bracelet des anneaux-souvenirs. Tels ceux qu'on distribue à toutes les femmes présentes, à l'occasion d'un grand mariage. Cela a été inventé par la reine Victoria, quand elle épousa le prince Albert. On avait gravé sur le chaton de la bague, qui avait moins d'un quart de pouce de diamètre, le profil de la jeune souveraine appelée alors *la rose d'Albion*, et son nom *Victoria Regina*. A chaque mariage de ses filles et petites-filles, on distribua de ces bagues; l'usage se répandit dans l'aristocratie, de sorte qu'au bout de peu d'années, possédant beaucoup de ces anneaux, les ladies ne trouvèrent rien de mieux que de les enfiler sur un bracelet.

La surcharge de bijoux étant un indice de très mauvais goût, il est infiniment plus élégant de ne porter jamais qu'un seul bracelet à la fois. Si on en a plusieurs, on s'en pare à tour de rôle.

On veut que le bracelet ait un langage. Porté au bras droit, il indiquerait que l'on n'est pas mariée. Il n'en faut qu'un seul. La femme mariée, quand elle en veut exhiber plusieurs, peut les porter aux deux poignets, si cela lui convient. Si elle ne se pare que d'un seul à la fois, il enserre le poignet gauche.

La fiancée, en signe qu'elle ne s'appartient déjà plus, glisse son bracelet au poignet gauche. Chez les peuples de l'antiquité, les vierges n'en portaient pas, jusqu'au jour des fiançailles, dont il était souvent le gage. Toutefois, les vestales romaines se paraient de bracelets splendides.

En général, le bracelet d'argent n'est pas considéré comme parure de femme en puissance de mari.

LE COLLIER

Dès les premiers âges, l'homme et la femme portent des colliers.

Ce doit être, avec les bracelets, l'un des plus anciens ornements, puisque les peuples sauvages, qui en sont seulement à l'âge de pierre, connaissent cette parure primitive de l'homme.

Les premiers colliers et bracelets connus ont dû être composés de baies dures aux couleurs vives, perforées par un moyen quelconque et enfilées sur une longue herbe résistante. Ils n'ont pas à rougir de ces humbles commencements.

Des statues de l'Égypte antique portent au cou un collier.

L'art étrusque nous a laissé de ce bijou de très beaux spécimens.

Les hommes l'ont adopté comme une marque distinctive. Avant la conquête romaine, les Gaulois, nos pères, se paraient de cet ornement. Les guerriers qui le portaient avaient nom *les colliers d'or*. Les légionnaires de Rome avaient le droit de le passer à leur cou.

Les chevaliers du moyen âge appelaient *chaîne* celui que leur rang leur permettait d'adopter.

Un ordre conféré autorise encore ceux qui reçoivent cette distinction à porter un collier dont le modèle est déterminé, je ne parlerai que de la Toison d'or, — et pour rappeler que Charles-Quint (dans *Hernani*) trouvait préférable le collier que lui auraient fait les bras blancs de Doña Sol passés autour de son cou. Ce qui équivaut au proverbe de Salomon : « Mieux vaut un repas d'herbe et l'amour, qu'un bœuf à l'écurie et la haine. »

Ce n'est qu'au cou mince et flexible de la femme que le collier a sa raison d'être. Il met en valeur la blancheur de la peau, la grâce des attitudes de la tête, toutes choses qui ne sont pas dons masculins.

Toutefois, un beau cou sera bien admiré sans parure, et, par contre, une rivière de diamants enlaidira encore le cou ridé et jauni d'une vieille femme.

Les châtelaines du moyen âge suspendaient à leur cou, par une mince chaînette, des bijoux de diverses formes, plus ou moins riches, qu'on appelait « pent à col ».

Au XVIIe siècle, le collier de perles, que nous appelons *fil de perles*, quand il n'a qu'un rang, avait été baptisé *esclavage de perles*. Nos aïeules y attachaient un nœud en brillant qui tombait assez bas... et qu'elles dénommaient : « boute en train », « tâtez-y ! » Oh ! mesdames, vos descendantes n'oseraient pas !

Les Espagnoles de ce temps-là se composaient des colliers bénits : c'étaient des lames de métal, espèces de médailles qu'elles attachaient à un fil d'or et dont elles entouraient leur cou.

Un merveilleux collier dû à l'art de Benvenuto Cellini est la propriété d'une riche Anglaise. Ce collier est composé de médaillons d'or émaillés et entourés de rubis. Chacun de ces médaillons représente un événement de la vie du Christ. Le travail, de la plus grande beauté, dénote bien la main du maître orfèvre et joaillier.

Il y a des colliers dont la valeur intrinsèque est plus grande que la valeur artistique : la rivière de diamants, par exemple, qu'on détache parfois de son cou pour la porter en sautoir comme le collier de la Légion d'honneur.

On va me honnir... mais j'ai parfois trouvé qu'un ruban de velours noir autour d'un beau cou valait toutes les pierreries du monde. Et, aussi, que le cou sans ornement a bien souvent plus de grâce encore et de noblesse.

LA BOUCLE D'OREILLE

Je ne sais ce que réserve l'avenir, mais il est certain qu'il y a eu un instant, qu'il y a encore tendance à répudier la boucle d'oreille.

C'est, en effet, un ornement bon pour les barbares, en raison de l'opération qu'il faut subir pour porter ce bijou, et de la déformation du lobe qui s'ensuit.

Si on ne perçait plus les oreilles aux jeunes filles ni aux petites filles, dans les classes élégantes, cet exemple excellent serait bientôt suivi dans tous les milieux.

Faudrait-il donc renoncer à utiliser les bijoux de cette sorte, qui sont parfois dans la famille depuis des siècles? Pas le moins du monde. On les ferait monter en broches, en épingles, en agrafes, en motifs pour orner le corsage, le chapeau, la chevelure.

Point n'est besoin de sacrifier la beauté de l'oreille pour exhiber deux grosses perles ou deux beaux diamants taillés en rose. Les habiles joailliers sauraient en tirer parti de telle sorte qu'on s'en fît encore honneur dans la toilette.

Ce serait tout à fait sage de décider qu'il n'est guère moins sauvage de perforer l'oreille pour y attacher un rubis, que de percer la cloison du nez pour y passer un anneau. Et voilà comment nous conserverions à nos filles la beauté de leur oreille dans toute son intégrité — et comment les pères et les maris auraient toujours un bijou de moins à acheter.

La boucle d'oreille a requis tous les genres, toutes les variétés de la bijouterie et de la joaillerie. Elle a été demandée à tous les métaux, ciselée avec art, guillochée, émaillée, incrustée des pierres les plus précieuses et les plus étincelantes. Elle a affecté mille formes, mais surtout le pendant. Elle n'a été aussi qu'un simple anneau enfilé dans la chair.

On a imaginé de planter dans le lobe de l'oreille, comme un clou, une perle, un bouton de diamant, une turquoise, etc. Une petite plaque de métal maintenait au dos du lobe, l'ornement vissé dans la chair rose.

On ne sait quelle est l'origine des boucles d'oreilles. Elles étaient connues des Romains, puisque 'Pline, parlant des perles, raconte que les matrones se faisaient gloire d'en attacher à leurs oreilles. Un pendant d'oreilles, gréco-romain, est venu jusqu'à nous.

On en suspendait d'ailleurs aux oreilles de la statue des Muses.

Nous avons un spécimen de boucle d'oreille du iv⁰ siècle.

Les Arabes leur ont donné le plus joli des commencements :

« Sara, disent-ils, femme de notre seigneur

Brahim, était acariâtre et jalouse. Ayant remarqué la bienveillance de son époux pour l'esclave Hadjer (la jeune Agar), elle lui fit percer les oreilles dans un moment de fureur vindicative. Brahim pansa les blessures, mais comme elles guérirent sans se fermer, il passa dans les trous deux anneaux d'or (d'autres disent qu'il y attacha deux perles admirables, « grosses comme avelines »). Hadjer en fut plus belle et toutes les femmes voulurent posséder cette parure improvisée. »

Il est certain que les Égyptiennes coiffées à la pintade ou au lotus se parèrent d'anneaux d'oreilles. L'Asie ancienne, préhistorique, a dû inventer cet ornement dès qu'elle travailla les métaux.

Les hommes des temps modernes ont porté des boucles d'oreilles. J'ai parlé d'un cadet d'Harcourt qui suspendait une perle à son oreille gauche. Sous Jacques Ier d'Angleterre, les hommes à la mode portaient des boucles d'oreilles. Mais l'usage était né à Paris (hélas!). Raleigh et Somerset: Shakespeare et Rembrandt en portaient; et Charles Ier, mais comme le cadet d'Harcourt, à la seule oreille gauche; c'était un diamant sur lequel un artiste italien avait gravé les armes d'Angleterre.

J'ai connu de vieux paysans français aux oreilles desquels se balançaient des anneaux. Je rencontre parfois des ouvriers italiens, qui exhibent un pendant ou un anneau à une seule de leurs oreilles.

L'antiquité grecque et romaine, l'antiquité orientale ont accepté, même pour les hommes, cet ornement absurde et barbare. Jusqu'en Patagonie, on perfore les oreilles des tout petits enfants. Pour leur faire subir cette opération qui les épouvante et les fait souffrir, on les attache sur le dos d'un cheval. Il faut que l'animal se couche sur le flanc pour permettre au bourreau d'exécuter son office.

L'humanité vieillie, dans les pays d'extrême

civilisation, devrait vraiment abandonner ce bijou. Ce serait un grand pas fait vers cette simplicité que réclame la raison, et un véritable progrès du goût.

LA MONTRE

Ce n'est pas un objet de parure à mon avis,
mais c'est un bijou utile, nécessaire même. Il
est désiré, du reste, par toutes les femmes dès
leur enfance.

C'est, souvent, un des premiers cadeaux
importants qu'on fait aux filles — et aux garçons
— à l'occasion de leur première communion.

On dit volontiers que les montres primitives
avaient la dimension d'une assiette à dessert,
et l'on s'extasie sur l'art contemporain, qui fait
tenir une montre dans un chaton de bague.

Le plus ou moins de grandeur de la montre
n'est qu'une affaire de mode, sa petitesse n'est
pas d'hier. On affirme que, dès la fin du
xv⁰ siècle, il existait des montres qui n'étaient
pas plus grosses qu'une amande. En 1452, on

offrit au duc d'Urbin une montre à sonnerie, sur un chaton de bague. Henri VIII d'Angleterre possédait une très petite montre qui marchait huit jours sans être remontée.

On prétend aussi que les premières montres furent fabriquées à Nuremberg en 1500, et qu'elles eurent d'abord une forme ovale et assez d'épaisseur pour avoir été baptisées *œufs de Nuremberg*. Quoi qu'il en soit, sous François Ier on faisait de toutes petites montres en forme de croix pectorale.

Au temps de Charles IX, le boîtier de presque toutes les montres était en cristal de roche.

Une collection possède la montre d'Anne d'Autriche. Elle est de forme carrée. Le cadran émaillé est recouvert d'une plaque de cristal de roche à pans coupés. Cette montre est décorée, au revers et sur les côtés, d'ornements en or très finement ciselés.

Les montres anciennes sont fort belles, d'un admirable travail. La plupart sont aussi fort riches, incrustées de pierres précieuses.

Les femmes ont suspendu la petite horloge à la châtelaine qu'on portait à la ceinture. Elles l'ont attachée sur la poitrine, à l'instar d'une décoration. Elles l'ont insérée dans une bague, dans un bracelet, dans la pomme d'un manche de parapluie ou d'ombrelle; sur la couverture d'un porte-cartes. La façon la plus répandue de la porter a toujours été de la suspendre à une chaîne passée au cou. la montre se cache alors dans la ceinture, ce qui ne l'empêche pas d'être souvent un joyau de haut prix, de par l'art du ciseleur et du nielleur, grâce aux gemmes qui l'enrichissent.

On la fait aussi en ébène, ornée d'un chiffre d'argent. Toute simple qu'elle est ainsi, elle ne manque pas, au contraire, d'une véritable élégance, de celle qu'on obtient avec le seul goût.

BIJOUX DIVERS

On a pris le prétexte des objets les plus utiles, tels que les agrafes, les boutons, les épingles, les boucles de ceinture et de souliers pour en faire des bijoux souvent exquis ou d'une grande richesse, quand les pierres concouraient à leur ornementation.

Les fibules de l'antiquité, le fermoir du moyen âge, qui ne sont en réalité que des agrafes, étaient presque toujours d'un très beau travail. On allait jusqu'à les incruster de pierreries.

Les ferrets, qu'on appelait aussi afférans, ont été fabriqués en or, en argent, en diamants pour terminer les aiguillettes.

On a inventé les breloques de montre, œuvres d'art aussi jolies que minuscules, qui s'offrent en souvenir de quelque date ou événement.

Les peignes des femmes ont été ornementés de perles, de pierres rares, d'or et d'argent.

Il n'est pas jusqu'aux boutons pour lesquels on n'ait utilisé les diamants. Un prince amoureux en offrit à son amie une douzaine en cette matière précieuse, sur lesquels il avait fait graver « leurs lettres égyptiennes et hiéroglyphiques, qui contenaient leur sens caché ».

Les boutons d'habit de ce temps (xviie et xviiie siècles) étaient de délicieux bijoux. On recherchait fort ceux de Hollande en argent repoussé, représentant des scènes bibliques (l'histoire de Joseph en une douzaine), ou symboliques (les occupations des mois). Ceux de Pologne et de Hongrie, en cuivre finement ajouré et ciselé, n'étaient pas moins renommés.

Les croix à la Jeannette, les croix pectorales, les emblèmes des vertus théologales, la colombe-Saint-Esprit, les médaillons, les petits reliquaires, malgré leurs allures religieuses, sont des bijoux souvent fort jolis. Et on pourrait y ajouter les beaux ou riches chapelets qu'on enroule à son bras.

De ce genre encore sont les médaillons que les fameux orfèvres de Barcelone incrustaient d'émaux à eux. Ces médaillons qu'on voit encore au cou des Espagnoles sont de formes diverses : carrés, triangulaires, ovales, hexagones. L'une des parties de ce remarquable bijou est un cadre découpé à jour ou entouré de rayons. L'autre partie qui s'adapte dans ce cadre est émaillée. Elle représente le Saint-Sacrement au milieu d'ailes d'ange et dominant la devise-rébus *Esclavo* figurée par un S et un clou (*clavo*); ou le monogramme du Christ avec les emblèmes de la Passion; ou celui de la Vierge, surmonté d'une couronne et entouré de l'inscription *Concebida sin picado*. Les couleurs de ces émaux opaques de Barcelone étaient le blanc, le noir, le bleu lapis remplacé parfois, mais rarement, par le bleu turquoise. On connaît pourtant, de ces orfèvres, quelques émaux translucides verts et rouges.

Les bijoux émaillés, profanes ou autres, sont très artistiques.

A côté de ces pieux bijoux, on inventait les couronnes royales, héraldiques, les diadèmes. Et les frontiers et les ferronnières pour les simples femmes... que cette parure qui coupait le front en hauteur n'embellissait nullement.

Mais les dames romaines n'alourdissaient-elles pas les plis exquis de leurs manteaux en cousant des palmes d'or sur ce vêtement, qui les aurait encore drapées plus noblement, si on ne lui avait pas imposé ce poids d'or.

Les Athéniennes ne disposaient-elles pas des insectes en or dans leurs cheveux?

Ne va-t-on pas jusqu'à monter en broche le beau scarabée vert d'Égypte, dit *scarabée du cœur?*

On a requis les métaux précieux, et l'ivoire, l'écaille, l'acier; on les a ciselés, sculptés, repoussés, émaillés, niellés (les plus belles niellures sont celles de Paris et de Russie);

on a inventé le charmant travail de filigrane.
Les bijoux en filigrane de Gênes ont beaucoup
de renommée, mais le filigrane français orné
de guillochis, de bruni, d'émaux, d'ors de couleur et de dessins ciselés et gravés est encore
préféré par le monde entier. Les Hindous et
les Chinois font aussi, en ce genre, des bijoux
ravissants.

On a gravé sur les pierres fines pour nous
donner les camées, bijoux entre tous artistiques. L'histoire de Psyché et de l'Amour a
fait le sujet de nombreuses pierres gravées.
On offrait ces pierres comme parure aux
jeunes fiancées, car l'union mystique des deux
divinités était considérée comme le symbole
des unions chastes et durables.

Il faut choisir les camées à plusieurs couches,
car alors le graveur s'est servi de tons
différents pour rendre les chairs, les cheveux, les vêtements, et il est indispensable de
donner une monture artistique à une parure
de camées. — Les pierres, gravées en relief,

sont les camées; gravées en creux ce sont des intailles.

L'homme a dépensé beaucoup de son génie à contenter son désir de parure. Il a pris à la nature tout ce qu'elle pouvait donner pour l'embellir. Est-ce un bien, est-ce un mal? C'est qu'on sacrifie parfois tant de choses pour donner ou pour obtenir un bijou! C'est que tant de misères seraient secourues avec le prix d'un collier!

J'ai parlé des épingles tout à l'heure. Beaucoup de gens n'osent pas en offrir, craignant qu'elles ne soient un présage de petite fâcherie (*pique*) entre celui qui la donne et celui qui la reçoit. Erreur. L'épingle *attache*. Offrez donc sans peur les épingles à chapeau, les petites épingles à tête de perle ou de rubis qui rendent des services signalés dans la toilette — et les broches, qui ne sont, en réalité que des épingles. N'oublions pas les épingles de cravate.

Les Chinoises, vous le savez peut-être,

piquent dans leurs cheveux d'ébène des épingles longues d'un pied, mais seulement après leur mariage. Ces épingles ont, au Céleste Empire, la même signification que la bague d'alliance en Europe.

POUR LES BRUNES ET LES BLONDES

Les brunes devraient porter des bijoux d'argent ou des bijoux montés en argent. Ce métal leur donne l'inspiration, la fantaisie qui leur manquent, parce qu'on les croit positives. Elles n'ont pas, selon les autorités psychiques, l'amour de l'idéal et de la poésie suffisamment développé.

C'est l'or qu'il faut aux blondes, pour les pondérer, les calmer.

Les pierres attirant, selon la croyance antique, des sensations et des sentiments de l'un et l'autre ordre, les blondes devraient porter des rubis, des grenats, gemmes de sagesse, serre-frein de l'instinct. La topaze leur est aussi très favorable, et les saphirs et les turquoises.

Aux brunes, c'est l'améthyste, pierre de l'espérance, et l'émeraude, porte-veine, qui conviennent le mieux.

LES BIJOUX DANS LA TOILETTE

Nous voulons terminer par un chapitre auquel nous prions nos lectrices d'accorder un peu d'attention.

Il s'agit de déterminer de quelle façon on doit se parer des pierres ou des bijoux que nous avons décrits.

Une femme qui a le sens esthétique quelque peu développé n'attend pas qu'on lui dise qu'elle commettrait une faute en *se couvrant* de bijoux, en ruisselant, quelle que soit l'occasion, de tous ses diamants, saphirs et rubis à la fois. Si elle a de nombreux écrins, elle porte un jour ses perles, le lendemain ses topazes, le surlendemain ses turquoises, etc. Elle sait que, pour être jolie, la parure doit être homogène : boucles d'oreille, — si l'on en porte, — collier, bracelets, etc., doivent être composés des mêmes pierres et avoir une monture identique.

Mais, par exemple, me disait une amie, si je possède un unique camée monté en broche? Eh bien! Le jour où vous le portez, pourquoi ne pas supprimer les boucles d'oreilles et autres bijoux qui, par leur dissemblance, rompraient l'harmonie, la divine harmonie?

Et il y a encore des heures propres à ces bijoux-ci et à ces bijoux-là. Je sais que la mode permet ou interdit tour à tour les diamants et autres pierres étincelantes avec la toilette de jour. Quand elle les proscrit sous le soleil, elle a raison; quand elle les autorise à paraître, elle a tort, et il ne faut pas la suivre dans ses erreurs.

D'ailleurs, avec le costume simple des courses du matin, à peine si les bijoux sont nécessaires : une broche-attache, des épingles à chapeau, et il faut faire choix de métaux ou de pierres opaques; la montre dissimulée; aux doigts, l'alliance et la bague des fiançailles. Rien d'autre n'est admissible.

Pour la toilette d'après-midi : visites, promenade, expositions, ventes de charité, on peut sortir les chatoyantes opales et les gemmes translucides d'Occident : grenats d'Auvergne (très jolis montés avec des pointes d'acier), ou les améthystes des Alpes, les aigues-marines, etc. Les bijoux émaillés, très artistiques, sont de mise. Les belles bagues sont accordées, puisqu'elles se cachent sous le gant. Cependant, je n'en ajouterais qu'une seule, à la fois, à celles qu'on ne quitte jamais. Les camées conviennent aussi très bien.

La jeune épousée ne devrait porter aucun bijou dans sa toilette nuptiale. Ce serait infiniment plus jeune fille. plus virginal. A peine pourrait-on lui souffrir le fil de perles, parce que c'est un bijou sans éclat, tout de douceur.

Le deuil, non plus, ne devrait admettre aucun bijou, même terne, dans la première période, au moins. En demi-deuil, je tolérerais encore ceux de jais. On en fait de très jolis en cette matière, si jolis qu'une femme de mes relations fit insérer dans des fleurs de jais de petits saphirs d'eau, son deuil passé, et qu'elle eut ainsi une parure fort originale et fort admirée.

Parmi les plus jolies formes à demander au jayet, il faut énumérer la violette, la pervenche, les scabieuses, fleurs de deuil. Qu'on se garde bien de porter aux oreilles des croix de jais, — oui, j'ai vu cela! C'est funèbre au possible. Si vous avez des idées aussi macabres, comment se fait-il que vous pensiez à vous parer? Les pensées (fleurs) sont aussi d'un symbolisme par trop banal.

Les améthystes peuvent éclairer *les derniers jours* du deuil.

Beaucoup de femmes, aujourd'hui, lorsqu'elles trouvent dans leur corbeille des joyaux héréditaires, les portent avec leur ancienne et quelque peu lourde monture. N'est-on pas bien aise de dire aux « chères amies » : « Ce sont des bijoux de famille, ils sont montés depuis cent cinquante ans, mais vous comprenez que, par égard pour mon mari, je ne puis les faire mo-

derniser. » C'est bien souvent pour faire en-
rager les petites épousées dont le mari n'a pas
d'ancêtres (du moins ceux que les snobs recon-
naissent) et qui exhibent des parures tout bat-
tant neuf, tout style nouveau.

Les duchesses, comtesses, marquises ne connaissent pas de plus joli peigne du soir qu'une
demi-couronne héraldique, telle qu'elle se voit
sur les cachets. Très jolies portées de la sorte,
les pointes de rubis d'une duchesse, les neuf
perles d'une comtesse, les feuilles d'ache d'une
marquise, le tortil perlé d'une baronne.

Les femmes de la noblesse portent encore
fort bien des bijoux fournis par les pièces de
leur blason en pierreries aux couleurs de l'écus-
son. Une Montmorency se parerait de ses alé-
rions, une duchesse de Hamilton (duchesse
française de Châtellerault) pourrait porter les
cinq feuilles qui forment ses armoiries, etc.

Une dernière recommandation. Quand on a
une grosse main, il vaut mieux laisser dans
l'écrin les bagues qui attireraient l'attention

sur une partie de la personne qu'il est préférable de laisser dans l'ombre. Même conseil au
sujet du bracelet, si on a un vilain poignet, et
du collier, si le cou est vulgaire.

LA DENTELLE

ORIGINES

Quelle femme inventa la dentelle, eut l'idée de ce tissu aérien, de ce travail exquis?

Elle rêva, sans doute, d'un voile léger comme la toile arachnéenne et, à force d'adresse et de patience, réalisa à peu près son désir. Son premier essai fut repris, c'est certain, et toujours perfectionné, embelli.

On dit pourtant que les premières dentelles ne furent pas employées dans la toilette. En tout premier lieu, elles garnirent les vêtements sacerdotaux, les linges servant au culte. Pourtant, ce sont des voiles de dentelle qui, dès le XIVe siècle, pendent de l'affreux cône très allongé que les femmes portent en guise de coiffure.

L'antiquité et presque tout le moyen âge paraissent avoir ignoré la dentelle. On a voulu, pourtant, faire honneur à l'Orient de cette gracieuse industrie. Elle aurait été introduite en Europe par les croisés. Mais rien, absolument rien, ne milite en faveur de cette assertion.

Certains ont affirmé que c'est une Barbara Utmann, qui aurait exécuté la première dentelle en 1550, et que c'est dans les Flandres que cet art est né. D'autres assurent que c'est à l'Italie que nous en sommes redevables. En 1557, on publiait à Venise des dessins de dentelle. Ces modèles étaient réimprimés en France en 1587. Les Flandres n'auraient pas connu l'usage des fuseaux avant 1600. Et, par contre, un document historique de 1590 mentionnerait les dentelles de Bruges. Ce qui ferait encore mieux supposer que cet adorable objet de parure a vu le jour dans les Pays-Bas, c'est qu'en Italie, où les dentelles atteignent un si haut degré de beauté, on leur donne encore indistinctement le nom de *merlette di Flandra* (dentelles de Flandres).

On soutient cependant que l'Auvergne, le

Velay, la Lorraine, quelques localités de Bour-
gogne auraient fabriqué des dentelles dès 1594,
et que c'est plus tard seulement qu'on en trouve
en Belgique. On ajoute que Gênes et Venise
avaient déjà des dentellières émérites, alors que
les Flandres n'envoyaient encore en Espagne
que des dentelles grossières qui étaient expé-
diées dans les Indes espagnoles.

Mais, enfin, la France n'aurait opposé une
véritable concurrence aux fabriques étrangères
qu'au xviie siècle. Colbert, ce grand ministre
qui disait : « La mode est, pour la France, ce
que les mines du Pérou sont pour l'Espagne »,
Colbert voulut opposer une industrie dentellière
française à celles de l'étranger. Il aurait fait
venir des ouvrières vénitiennes et bruxelloises;
alors il établit des fabriques. En 1665, il confia
la direction de la première, celle de Lonrai, en
son propre château, à une dame Gilbert. Auril-
lac, Saint-Flour en possèdent simultanément
(1669).

Il y en a une à Reims. A Alençon on exé-

cute tout de suite le point de ce nom, et nous
entrons en lice avec gloire.

Bientôt, par tous pays, on se livre à la fabrication des dentelles. Il faut imposer celles de
l'étranger de droits considérables pour protéger
nos fabriques et assurer leur prospérité.

L'Espagne est longtemps sans rivale pour les
blondes. L'Angleterre ouvre les fabriques de
Honiton, mais la dentelle qui sort de là n'est
autre que le point d'application des ouvrières
belges : c'est une des nombreuses usurpations
d'Albion qui, au point de Bruxelles copié, donne
carrément le nom de point d'Angleterre.

Il n'est pas jusqu'à l'Allemagne, dont on parle
peu pourtant à ce sujet, qui n'offre, au xviiie siècle, un très beau spécimen de dentelle ; genre
guipure, par exemple, et la guipure a précédé
toutes les autres dentelles.

DENTELLES DIVERSES

Il y a les vraies dentelles, c'est-à-dire faites
à la main; les dentelles d'imitation, exécutées
à la mécanique; enfin un troisième genre qu'on
peut appeler dentelles mixtes, car elles sont
fabriquées mi-partie à la main, mi-partie à la
mécanique; elles sont, cependant, très belles.

La France offre le *point d'Alençon*, une merveille; la *dentelle Colbert*; le *point normand*,
appelé aussi *point de Caen*, un peu lourd, mais
joli quand même; le gracieux *point d'Argentan*;
les charmantes et solides *valenciennes*; la *dentelle de Lille*; les *dentelles d'Auvergne*; les *dentelles bretonnes*; le *point de Paris*; la *dentelle de
Chantilly*; la *dentelle de Luxeuil*; la *guipure
Cluny*, etc., les anciens passements que je veux

citer comme ils le méritent parmi les produits de notre industrie dentellière.

La Belgique les prodigue aussi. Elle a le *point* et *l'application de Bruxelles*; la *dentelle de Malines*, la *dentelle de Bruges*. N'oublions pas les binches. Avant les dentelles gracieusement ténues, elle a fourni la *gueuse*, la *bisette*, spécimens assez grossiers que portaient les bourgeoises et les paysannes: puis la *mignonnette*, dentelle basse, assez fine et approchant de notre valenciennes; la *campane*, d'un réseau plus ouvert, plus fort, qui ornait les manches de robe et les cornettes.

L'Italie produit le superbe *point de Venise*, le beau *point de Gênes* (*argentella*), deux dentelles de si grand style, de si étonnante solidité, que les dentelles plus fines, plus délicates ne parviendront pas à les détrôner.

L'Angleterre ne nous donne qu'un plagiat. Le *point de Honiton*, le *point d'Angleterre* ne sont autres que le *point de Bruxelles* copié dans le Royaume-Uni.

L'Espagne œuvre les mantilles, les volants de blonde, dont les señoras ornaient leurs robes de soie rose ou jaune.

Désormais tous les pays fabriquent des dentelles, nous envoient leurs spécimens, mais, à part ceux que nous avons énumérés, ils ne contribuent à ce luxe féminin qu'à titre de fantaisie ou d'originalité.

Parlerai-je des fort belles dentelles à l'aiguille qu'exécutent aujourd'hui les jeunes filles de toutes les classes, sous le nom de *dentelles Renaissance*? Elles s'en font des cols, des manchettes, des corsages d'une grande élégance.

Il est encore d'autres dentelles : en Espagne on en fabrique une avec des cheveux, ces beaux, longs, soyeux cheveux noirs des mañolas que la misère réduit à se dépouiller de leur plus bel ornement naturel. Toutefois, il faut dire que cette dentelle n'est pas très répandue.

Je ne voudrais pas, en parlant du charmant tissu ajouré, oublier l'arbre à dentelle de la

Jamaïque. L'écorce de cet arbre, coupée en tranches minces, est une dentelle naturelle, pas très régulière en ses dessins, mais d'une grande finesse de texture. On assure qu'elle pourrait être employée en garnitures.

Nous en avons bien assez. On en crée tous les jours : la laize, les bèges, les tulles brodés, pailletés, etc. Mais rendons encore hommage à la guipure qui paraît la première, dont la beauté n'a pas été dépassée, qui était de soie, d'argent ou d'or, avant d'être exécutée en fil, et qui, étroite, portait le nom bizarre de *tête de More*.

Et nommons le *point d'Espagne*, dentelle d'or qui eut, dans l'ameublement, son heure de gloire.

Au xvie siècle, on écrivait *dantelle*. Les *points coupés* étaient à dents aiguës, d'où le nom fort approprié.

QUELQUES MOTS SUR LA FABRICATION

Il faut d'abord parler du *passement*, c'est la première dentelle, une sorte de passementerie, tricotée au fil de lin; on la perfectionna vite. C'est aussi la première désignation qu'obtient toute dentelle aux fuseaux ou à l'aiguille. Nous avons appelé *guipures* les dentelles qui se distinguent des genres plus modernes.

La guipure ou passement imitait assez bien, en ses dessins, les formes d'architecture de la Renaissance et ses ornements. Pour soulever ses nervures, pour les faire saillir dans leurs entre-croisements, on employait la cartisane, vélin souple, qu'on recouvrait de fils de soie, d'or ou d'argent, — et tous les trois assez souvent, réunis dans le même travail. Mais si la guipure venait à être mouillée, la cartisane s'altérait, — la luxueuse, l'artistique dentelle perdait de sa beauté et sa durée était fort compromise. On renonça donc à l'emploi de ce *bourrage*.

Les belles, les élégantes guipures modernes, que nous avons nommées guipures de Cluny, qui se font aux fuseaux et en fil de lin, avec leurs dessins de style gothique, leurs formes délicates et légères, leur aspect si harmonieux, ces guipures, si recherchées des femmes de goût, reproduisent les anciens et merveilleux ouvrages qui datent des XVIe et XVIIe siècles.

Nous fabriquons aussi des guipures avec de la soie noire. Celles du Puy sont d'une apparence plus riche que celles de Chantilly, cependant la mode leur a préféré ces dernières.

On trouve encore au Puy une guipure de laine noire; on en a, du reste, exécuté en toutes couleurs.

La valenciennes, comme la dentelle de Lille, se fabrique aux fuseaux. La première est d'une solidité telle que sa vogue n'a pas cessé et ne cessera de persister. Il est une valenciennes, dite royale, qui ne s'obtient qu'avec une dépense considérable de temps. On demande plusieurs mois pour en fabriquer un mètre sur une hauteur de 15 centimètres. Du reste, il existe encore, en Belgique, des couvents, des béguinages plutôt, — ce qui n'est pas la même chose, — où de pâles ouvrières passent des années dans leur cellule carrelée, courbées sur un métier, pour livrer un bout de dentelle, œuvre merveilleuse, travail féerique, qui leur est à peine payé par le marchand qui l'a commandé, mais qui est revendu au prix d'une rançon de roi.

La malines se fabrique également aux fuseaux. Et encore des dentelles de soie noire, qui furent d'abord exécutées sur fond de réseau dit alençon, à Bayeux et à Chantilly.

Aux fuseaux aussi, les dentelles d'or et d'argent qu'on fabriquait à Lyon et à Paris. Aussi les *blondes*, pour lesquelles on emploie des soies de qualité inférieure, et les *fantaisies* qui virent le jour vers 1740 et dont il n'est plus guère question aujourd'hui. Les blondes les plus chères sont celles qui sont faites sur *barres.*

On fabrique la dentelle aux fuseaux sur un métier appelé carreau, qui est une sorte de coussin. L'ouvrière le place sur ses genoux. Elle y pique, au moyen d'épingles, le dessin qu'elle veut représenter et qui est tracé sur vélin. Elle suit ce dessin en croisant ou enlaçant les fuseaux garnis de fils différents. Les épingles contournées par le fil maintiennent le point, en même temps qu'elles indiquent le dessin. Il faut à l'ouvrière un nombre plus ou moins grand de fuseaux : parfois une dizaine suffisent. Les anciennes valenciennes, hautes de 2 centimètres, exigeaient un millier de fuseaux.

La dentelle à l'aiguille est appelée point : point d'Alençon, point de Venise, etc.

A l'origine, c'était une sorte de broderie à

jours faite sur *lacis*. On prenait un tissu fin, léger; on tirait des fils de la trame et de la chaîne et, en serrant et maintenant au moyen d'un point noué à l'aiguille, on obtenait un réseau carré.

Du *lacis*, — qu'on aurait inventé vers 1520, — on passe au *point coupé*. Au lieu de tirer des fils, on en disposa selon le dessin qu'on voulait reproduire.

On fit ainsi franchir un pas immense au beau travail. Travail qui devait prendre un temps considérable et qui était à très haut prix.

On s'aperçut un jour, qu'à cause de leur valeur, sans doute, on ne pouvait plus placer de points de Venise dans les corbeilles, et que, par suite, ces dentelles vraiment somptueuses tombaient dans l'oubli. La reine Marguerite d'Italie voulut relever cette industrie nationale. Elle ne porta que des dentelles anciennes, des points merveilleux. Naturellement, les princesses et les marquises de sa cour, dont plusieurs sont filles de milliardaires américains, suivirent cet exemple royal. Quand la reine vit que la vogue revenait aux points, elle en revivifia la fabrication, protégeant les ouvrières de Burano, qui nous envoient aujourd'hui des dentelles dignes du passé glorieux.

On connaît aussi, mais elle est d'invention toute moderne, une dentelle exécutée aux fuseaux et à l'aiguille. Ce mélange est superbe. Les dessins sont entourés de cordonnets, qui forment des reliefs admirables.

Il y a encore la dentelle d'application. Ce sont des fleurs, des ornements brodés à part, qu'on applique sur *tulle dentelle*, en les y cousant avec une habileté de fée.

Sait-on que le fil employé pour la fabrication des vraies dentelles vaut, selon sa beauté, — qui détermine celle des dentelles, — de 100 à 5000 francs le demi-kilogramme? On dit même que le fil de Malines coûte 7200 francs le kilogramme. Plus cher que l'or! Comme l'or, du reste, on le pèse dans des balances de précision. Il est assez fin pour qu'on puisse enfiler cinquante brins dans une aiguille un peu grosse.

LES DENTELLES DE FRANCE

Le point d'Alençon est d'une beauté si incontestée, qu'on l'a surnommé *reine des dentelles*. Et cette suprématie ne lui est pas seulement reconnue sur nos dentelles de France, mais sur toutes celles que l'on connaît.

Son prix est très élevé, aussi n'appartient-il guère qu'aux femmes de l'aristocratie de naissance, qui le possèdent, alors, à titre héréditaire, et aux héritières des milliardaires.

C'est la dentelle des grandes solennités, en raison du luxe extrême qu'il dénote. Une robe garnie de volants d'Alençon est une parure royale et se paie en conséquence.

Le point d'Alençon fait merveille sur le velours. Il gagne à être étalé, plutôt qu'à être ramassé en fronces. On juge alors de cette délicatesse inouïe du fond, de la richesse et de la perfection des dessins, de la beauté du travail, qui reproduit toujours des modèles originaux, car si ce point merveilleux a été inspiré des autres dentelles, jamais, du moins, il ne les a copiées, et c'est encore un de ses mérites.

C'est vers la fin du xviie siècle qu'il fait son apparition. Mais, comme toujours, à notre industrie, les grandes dames, snobinettes du temps, préfèrent les produits des fabriques étrangères. Il faut frapper d'un droit énorme l'entrée en France des dentelles flamandes et italiennes. Alors, on découvre les beautés des nôtres.

Toutefois, Marie-Antoinette met à la mode les dentelles plus légères, moins riches, et le point d'Alençon retombe dans le marasme. Puis, sous le premier Empire, on lui rend quelque faveur, et depuis, il n'a cessé de figurer dans les fastueuses corbeilles de mariage.

Au xviiie siècle, les points (Alençon, Argentan, Colbert, Normand ou de Caen, et aussi ceux de

Venise et de Gênes) étaient considérés comme *dentelles d'hiver*.

C'est en Belgique qu'on fabrique aujourd'hui notre *valenciennes*. Mais puisqu'elle a conservé le nom de la première ville qui la vit naître, puisqu'on exécute encore les modèles d'alors, nous pouvons bien la réclamer nôtre. Plus serrée que la dentelle de Malines, plus solide aussi, la valenciennes n'a pas subi les caprices de la mode. On l'emploie toujours à garnir la belle lingerie intime. Sa résistance explique qu'elle serve à l'ornementation des vêtements destinés à être très souvent lavés.

Nous avons dit que la valenciennes est, presque exclusivement encore, exécutée sur les modèles primitifs. Aussi nous conserve-t-elle les anciennes traditions de la dentelle, et par sa régularité si remarquable et par le style tout à fait particulier de ses dessins.

Elle se fait aux fuseaux en une seule fois, fond et dessin. Elle est tantôt à maille ronde, tantôt à maille carrée. Sa finesse et l'égalité du tissu la rendent vraiment digne de la faveur ininterrompue qu'elle a rencontrée. Elle coûte fort cher, mais sa durée est très longue.

La *dentelle de Lille* est moins solide que la valenciennes. Elle aurait, d'ailleurs, plus de ressemblance avec la malines, dont elle imite, avec des qualités moindres, la délicatesse et la légèreté. On la fabrique beaucoup plus en Belgique qu'en France, mais puisqu'elle a été créée chez nous, j'ai voulu la revendiquer hautement comme une de nos gracieuses gloires industrielles.

La *dentelle de Chantilly* a eu une vogue immense de la moitié à la fin du xix° siècle, où l'on portait des châles, des mantelets, des robes entières, exécutés en cette dentelle ou en cette guipure de soie noire.

Elle n'a pas été abandonnée dans la toilette, elle orne toujours les chapeaux, les robes, les écharpes; les douairières lui demandent leurs coiffures d'appartement.

La guipure de soie du Puy est plus belle,

nous l'avons dit, mais jusqu'à présent, les femmes ont trouvé de plus « grand genre » de se vouer à celle de Chantilly.

Nous avons dit qu'on fabrique des blondes.

Quoiqu'elles soient exécutées au moyen de fils de soie, elles n'approchent pas des dentelles demandées aussi à ces éléments. Dès le xvii° siècle, le Puy en fournissait des blanches et des noires. Au commencement du xviii° siècle, on peut en obtenir aussi à Chantilly, à Mirecourt. Le discrédit où elles sont tombées à cette époque prendra fin un jour, n'en doutons pas.

Pour parler des guipures de Cluny, nous ne pourrions que nous répéter.

Mais il faut encore citer la dentelle de Craponne, belle, solide, qui sert à l'ornementation du linge, principalement

Nous nommerons aussi celle de Luxeuil, dont l'usage s'étend non seulement à la toilette, mais encore à l'ameublement.

DENTELLES ÉTRANGÈRES

La Belgique est fort riche. Indépendamment des dentelles qu'elle offre dès le début, elle nous donne les *binches*, la très belle *dentelle de Bruges*, dont les fleurs, les dessins, qui seraient un peu lourds acquièrent quelque légèreté par la façon dont ils sont aériennement rattachés les uns aux autres; il n'y a pas ici de fond comme aux autres dentelles, ce sont des picots qui relient joliment les motifs entre eux.

La *dentelle de Malines* est charmante, ténue et délicate qu'elle est. Elle se marie très bien aux soies légères.

On l'appelle parfois *broderie de Malines*, parce que ses dessins font saillie, grâce au fil soulevé qui les entoure et leur donne un air d'être brodés.

Le point de Bruxelles est merveilleux par sa finesse et sa légèreté. C'est aussi une dentelle de luxe, et il ne peut appartenir qu'aux femmes très riches. Il n'est jamais exécuté en son entier par la même ouvrière. Le fond, réseau courant, est fabriqué à part. Une autre dentellière est chargée des fleurs; c'est une broderie difficile, faite isolément, puis appliquée sur le réseau.

Comme exécution, le point de Bruxelles ne diffère donc guère de l'*application de Bruxelles*, ce qui les différencie consiste uniquement dans le fond. Pour le point le fond est fait à la main, en fil extrêmement délié. Le fond de la dentelle d'application n'est pas exécuté à la main.

Le point de Bruxelles se recommande par la délicatesse du travail; son relief est aussi très remarquable, sa broderie a beaucoup de grâce.

Ce qu'on appelle le *point d'Angleterre*, l'*application d'Angleterre*, ne sont autres que le point et l'application de Bruxelles. On aurait dû faire cesser cette confusion depuis longtemps. Voici quelle est l'origine d'une erreur que la plus simple honnêteté pouvait rectifier. Au xvii° siècle, le parlement anglais, effrayé des valeurs qui sortaient du royaume pour l'achat des dentelles de Flandres, prohiba l'entrée de cet objet de toilette. En même temps, on essaya d'attirer des dentellières belges, et l'on fonda à cet effet les fabriques de Honiton. Mais ces tentatives n'eurent pas un éclatant résultat et, pour dissimuler leurs échecs, les fabricants anglais achetèrent les belles dentelles de Bruxelles pour les revendre sous le nom de point et d'application d'Angleterre, comme un produit de leur industrie.

Au moins la *dentelle d'Irlande*, qui s'exécute en partie au moyen de lacets, se présente dans son humilité, sans chercher à rien usurper.

L'aristocratie féminine du Royaume-Uni encourage pourtant de son mieux les fabriques du pays. On fait exécuter à Honiton le voile des riches épousées, on jette, dans un angle de ce voile, les armoiries accolées des fiancés.

Les dentelles d'Italie sont superbes. Elles ont de l'ampleur, de la solidité, de la souplesse, une douceur veloutée. Les dessins sont du plus haut style. On a dit du *point de Venise* qu'il est d'une « somptueuse beauté », et qu'on ne saurait trop admirer « ces reliefs édifiés par l'aiguille ».

Comme le point d'Alençon, le point de Venise et le *point de Gênes* (dit *argentella*) nous offrent un idéal d'élégance.

La *dentelle espagnole* est surtout employée en mantilles. La vraie *blonde*, qui fournit cette charmante coiffure nationale des femmes de la Péninsule, atteint un prix assez élevé. Une belle mantille blanche ou noire vaut au moins de huit cents à mille francs. Mais saurait-on se représenter la Madrilène, l'Andalouse sans sa mantille?

EMPLOI DES DIFFÉRENTES DENTELLES

Les points français, le point de Bruxelles, l'application du même nom, les blondes, la malines, la chantilly, les guipures noires ou de couleur, la dentelle de Bruges ne s'emploient que dans la parure extérieure.

Les dentelles d'Italie concourent à orner le linge, comme la toilette. Aussi la guipure de Cluny et les dentelles blanches d'Auvergne.

La valenciennes, les dentelles qui lui ressemblent sont plutôt réservées à la lingerie féminine intime.

On fait des robes entières en dentelle de Chantilly, des écharpes, des volants, des garnitures de toutes sortes. La blonde sert aux mêmes emplois. Nous avons parlé de la mantille fournie par cette dernière dentelle: et dont, nous aussi, nous enveloppons notre tête, quand nous sortons le soir en voiture, habillées pour le bal ou l'Opéra, et encore pour les promenades dans le parc, par les temps frais. C'est, chez nous, une coiffure accidentelle. Au contraire, dans la Péninsule, c'est aux jours remarquables que les *grandes* d'Espagne en couvrent leurs cheveux et leurs épaules, affaire d'étiquette; mais elles savent bien aussi qu'aucune parure ne convient mieux à leur genre de beauté. La reine Isabelle va, du Palais de Castille à Saint-Philippe du Roule en mantille, quand elle veut entendre une des premières messes du matin.

Cette mantille est un objet de vénération chez les Espagnols, elle est à ce point respectée, qu'en cas de dettes dans le ménage, elle n'est jamais saisie. Cette coiffure ou ce voile, comme vous voudrez, auquel les hommes eux-mêmes rendent une sorte de culte, est toujours attaché avec des fleurs rouges, piquées de longues épingles en leur cœur.

C'est du point d'Alençon que raffolent les duchesses françaises et surtout du plus ancien. Les dentelles héréditaires sont cotées au-dessus des joyaux de famille. Quelle joie orgueilleuse d'étaler, en reine, une dentelle, un point qu'une belle aïeule exposa déjà à l'admiration de la cour de Louis XIV ou qui provient de la Steinkerque des ancêtres! Combien on a de plaisir à dire l'âge de cette aristocratique relique!

Et un bout de guipure qui aurait orné le rochet d'un prélat du xv° siècle, « quelque arrière-grand-oncle, ma chère ».

Les rares, authentiques et très gothiques dentelles sont payées des prix fous par les Américaines. Elles sont la passion de la reine Isabelle d'Espagne, qui en possède une collection splendide, et qui en pare quelquefois ses toilettes de grand gala.

Beaucoup de dentelles, presque toutes (on a même employé les noires en cas de deuil), servent à entourer le mouchoir de poche. Bien souvent ce mouchoir est tout en dentelle, car peut-on compter pour quelque chose l'imperceptible carré de batiste, où peut à peine trouver place le bout d'un fin nez blanc, ou rose.

Les valenciennes, les guipures blanches sont indiquées pour le linge intime féminin, et la dentelle de Craponne, et toutes celles qui offrent résistance et solidité, afin de pouvoir affronter les lessives et les frottements, les longs usages, aussi. Il faut les mêmes qualités à celles auxquelles on demande de garnir le linge de table, les nappes et serviettes de toilette, les rideaux, les couvre-lits, les draps, etc.

Mais presque toutes les dentelles qui servent à l'ornementation du linge et de l'ameublement ne sont pas pour cela repoussées de la toilette.

La guipure de Cluny, les valenciennes se retrouvent sur les robes de batiste, de soie mince. La dentelle de Luxeuil donne aussi bien des cols, des pèlerines que des volants de rideaux. La dentelle d'Irlande sert aussi à plusieurs fins.

Les magnifiques points d'Italie ont garni des serviettes de table et de toilette, tout autant qu'ils ont fourni des robes de dogaresse.

Les dentelles furent le luxe préféré de l'époque Louis XIII. On a doublé les carrosses en point d'Espagne (dentelle d'or), et on mettait de ce même point aux chevaux. On avait des tours de baignoire en dentelle, des lits entiers. En ce temps, Venise fournissait pour le mobilier et la toilette des dentelles d'or et d'argent, rebrodées en couleur, appliquées sur soie.

On était alors magnifique en tout, souvent, hélas ! au détriment du pauvre peuple, du « *menu* peuple », qui mourait de faim. On faisait notamment des folies pour les points de Gênes, qui coûtaient aussi cher qu'ils étaient renommés.

Le duc de Saint-Simon ne raconte-t-il pas qu'une Mme de Puysieux qui ruina, d'ailleurs, son mari et ses enfants, en mangea pour cent mille écus, en une année, « à ronger entre ses dents celui qu'elle avait autour de la tête et des bras ».

Et ne croit-on pas à un conte de fées, quand on décrit des rideaux de dentelle, doublés de soie rose et garnis de guirlandes de chèvrefeuille ! L'élégance des aïeules a précédé, n'est-ce pas ? celle de leurs descendantes.

L'USAGE DES DENTELLES

La dentelle fut d'abord réservée à l'église et au clergé. Elle orne les autels, garnissant somptueusement les nappes qui servent au sacrifice divin. Elle est affectée aux vêtements sacerdotaux. Le haut clergé, qui vit dans le faste et la richesse, veut border de dentelle ses rochets et ses aubes. Les chapelles des cloîtres et des abbayes ne sont pas seules à s'embellir des spécimens du nouveau travail, des précieux ouvrages sortis des mains féminines, les réfectoires en sont enrichis, et les parloirs et jusqu'aux cellules étroites. C'est même dans les couvents que les collectionneurs ont acquis les dentelles merveilleuses qui font notre admiration, et dont la beauté n'a pu être dépassée. Ainsi nous avons une idée de la richesse inouïe de cet ornement au temps où il était réservé à quelques-uns seulement.

Toutefois, dès l'apparition des dentelles, « les grandes et haultes dames *besongnèrent* en tous poincts à l'aiguille : poinct croisé, poinct couché, poinct piqué ». Elles en firent d'abord des garnitures de nappes, de serviettes, de taies d'oreiller. Puis elles en ornèrent avantageusement leur toilette. Sous Louis XIII la coiffe des paysannes est garnie de dentelle.

C'est la guipure, le point de Venise qui sont surtout portés à la cour. Ils se rabattent autour du cou des seigneurs, se relèvent en collerette autour de la tête des dames, font un effet magnifique sur le rochet noir, rouge ou violet des princes de l'Église. Nous venons de dire que les hommes en portent sur leurs vêtements comme les femmes, mieux encore, les dentelles s'échappent de leur bottes à entonnoir. C'est sous Louis XIII que la dentelle jouit de cette vogue folle. Les états de dépense de Catherine de Médicis n'en font aucune mention. Gabrielle d'Estrées ne l'a pas connue non plus dans sa parure, du moins il n'en est pas question dans son inventaire.

Mais en Angleterre, il faut que la reine Élisabeth fasse défense au peuple de porter des dentelles. Cette prohibition donne lieu, alors, à des fabrications populaires, telles que les *dentelles bleues de mariage*, en opposition aux dentelles jaune citron des courtisans et des bourgeois. Le beau Leicester, protégé de la reine, porte, dès cette époque, des manchettes de point. Mais cette mode n'était pas répandue encore. Le brillant favori l'a inventée, au moins devancée.

Il semble bien que les dentelles à ce moment soient tant recherchées, encore plus comme signe de rang, de distinction, de fortune, qu'au point de vue de la parure. Le snobisme est de toutes les époques.

Pourtant, le règne de Louis XIII est remarquable en ce qui concerne l'élégance du costume. Il faut, à cette cour, se parer beaucoup plus que sous les rois précédents.

Les dentelles des Flandres apparaissent. Leur nouveauté, leur grâce, leur légèreté, leur valent une vogue immense. A la cour et à la ville, on les achète à des prix très élevés, on les prodigue dans la toilette.

Il faut réagir contre ce luxe insensé, édicter des lois somptuaires, proscrire les points coupés, les dentelles et passements, pour hommes et pour femmes. Toutefois il semble bien que ces lois aient eu peu d'effet. On voit pourtant paraître es grands cols de toile unie.

Mais sous Louis XIV, on va retrouver la dentelle dans le costume des hommes et, surtout, dans la toilette des femmes. Elle avait été employée en collerette, en guimpe, en manchettes, la voilà qui, sous le patronage de Mlle de Fontanges, de Mme de La Vallière, s'étale sur les robes, se mêlant aux rubans et aux galons.

Louis XIV fait des présents de dentelle aux femmes qui sont invitées à Marly.

Au xviiie siècle, la dentelle voit toujours

s'augmenter sa faveur. Les seigneurs, les abbés en portent à toute heure en manchettes, en jabot, en cravate. Elle couvre la toilette des femmes. Sa grâce rachète ce que la mode a de ridicule, d'exagéré. C'est la Régence, puis le règne de la Pompadour, la dentelle fait fureur.

Elle n'a rien à perdre quand Marie-Antoinette est reine. Ne considère-t-elle pas la dentelle comme « le plus *simple*, le plus élégant, le plus léger des ornements » ?

Sous les trois règnes qui se succèdent, les points étant considérés comme dentelles d'hiver, les dentelles aux fuseaux sont dentelles d'été. Et les dentelles d'or et d'argent ne sont pas abandonnées. A un grand couvert à Versailles, la marquise de Créqui porte « un très bel habit de cour en étoffe brochée de trois nuances de bleu, dont la plus sombre était le bleu de lapis, qu'on appelle à présent *œil de roi*. Elle avait les plus beaux falbalas du monde en *dentelle d'argent*, et avait eu soin d'exhiber tous les diamants de sa couronne *cygnale* ».

Puis il y a une éclipse dans cette gloire. Sous la Révolution, la dentelle se cache. Elle reparaît bientôt, toutefois, dans les salons du Directoire. Sous le premier Empire, elle n'est pas délaissée, mais on lui préfère les broderies à l'antique.

Elle va rentrer en scène avec éclat sous la Restauration. Et même il faut dire qu'au commencement du siècle, les fiancées faisaient présent à leur futur époux d'un jabot et de manchettes de dentelle. C'était pour remplacer la chemise qu'il était d'usage d'offrir, autrefois; mais on avait jugé, non sans raison, que ce cadeau était entaché d'incorrection, presque de trivialité. Aujourd'hui les épousées ne donnent plus rien du tout ou, du moins, ne sont pas tenues de donner la moindre des choses à celui qui va devenir leur seigneur et maître; c'est peut-être plus normal ainsi.

On ne porta jamais autant de dentelles qu'à l'heure où j'écris. Et, certes, je ne m'en plaindrai pas, au point de vue du goût, car rien n'habille aussi bien la femme que ce frêle et transparent tissu.

Corsages, blouses, jupes, ajourés sur des dessous soyeux, on ne peut rien voir de plus élégant. Le malheur, c'est que ces modes coûteuses engendrent bien souvent la ruine des familles. Et, pourtant, ces toilettes qui valent un prix élevé sont, le plus souvent, demandées à des imitations. Il faut être princesse du sang ou fille des Gould et des Vanderbilt, pour posséder *en vrai* ces robes si exquises, si seyantes.

Et, plus que jamais aussi, la dentelle orne toute la lingerie intime des femmes, et plus que jamais, elle est employée dans le mobilier : aux fenêtres, sur les buffets, les tables, les crédences des salles à manger, aux draps des lits, aux rideaux de ceux-ci, soit qu'elle les fournisse entièrement, soit qu'elle les ornemente; elle garnit encore les nappes qui recouvrent les tables de toilette, et les serviettes *ad hoc*.

Aussi les femmes qui ont des loisirs be-

soignent-elles pour se procurer des vraies dentelles, qu'elles ne pourraient acquérir qu'à des prix excessifs. Mais ces dentelles, qui n'atteignent pas, bien entendu, à la perfection des beaux points, sont toutes à l'aiguille. La dentelle aux fuseaux reste aux mains des ouvrières habiles, ou n'est que le produit imité par la mécanique, malgré quelques tentatives des jeunes filles du monde pour s'attribuer aussi cet art.

Ce luxe n'est qu'un recommencement quand on songe qu'au xviie siècle, les lits étaient recouverts de brocarts brodés d'or, garnis, nous l'avons dit, d'une dentelle d'or, qu'on appelait point d'Espagne.

Le Sâr Péladan aurait bien voulu aussi ramener le règne de la dentelle dans le costume des hommes : ses jabots, ses manchettes, ses cravates de dentelle sont fameux. Mais il n'a pas réussi à se faire suivre de ses contemporains. Il est vrai que la dentelle détonnerait en bien des circonstances : automobilisme, cyclisme, polo,

tennis, golf, etc., etc., etc., où les femmes,
elles-mêmes, qui prennent part aux sports, sont
obligées d'adopter un costume presque tout
masculin; où elles devraient bien reprendre le
masque de taffetas gris ou le loup de velours
noir, le *touret de nez*, qui préservait si bien le
teint délicat de leurs aïeules.

Mais elles renoncent même à la voilette de
tulle pointillé, pour se livrer aux exercices violents; c'est pour aller en voiture, en visite —
où il est inutile — qu'elles recourent au voile
de dentelle.

Comme elles ont tort! en hiver, le vent glace
leur nez, le violace. Et Théophile Gautier a dit
que, là, les roses d'hiver sont déplacées.

En été, c'est la blancheur de la peau qui est
menacée.

Sous le tulle, on serait à l'abri de tous ces
enlaidissements.

VRAIE DENTELLE

Je ne sais qui a dit : « La différence qui existe entre la vraie dentelle et l'imitation est sensible pour un œil délicat. Les avantages que la dentelle emprunte à la nature de son travail sont très marqués, parce que les fils subissent les uns et les autres l'action irrégulière du travail manuel.

« Le flou y est plus accentué, le nuancé, peu apparent, n'en existe pas moins pour un œil exercé ; en outre, par sa nature particulière, la dentelle véritable a plus d'élasticité. Toutes ces qualités offrent des avantages inappréciables à l'emploi. Au chiffonné, elle a du moelleux, de la souplesse, une grâce toute naturelle et sans apprêt, en un mot ce je ne sais quoi d'inexprimable, qui peut se comparer aux grâces naïves

de la négligence et qui la distingue des imitations, dont la pauvreté se révèle, de près
comme de loin, par le manque de relief, et une
raideur dans le pli, sèche et monotone. »

Une très grande dame, qui avait vendu toutes
ses vraies dentelles pour payer les dettes de son
fils, et à qui il restait un bout de chantilly
véritable, faisait remarquer à ses filles que les
mailles — fond — étaient irrégulières comme
dimension, et que cette irrégularité n'existe pas
dans la fausse dentelle.

Une femme distinguée porte peu de dentelles
imitées. Elle préfère se passer de cet objet de
parure, quand les ressources dont elle dispose
ne lui permettent pas de l'acquérir dans toute
sa beauté. Pour orner son linge ou tout autre
vêtement, elle se contentera d'une petite dentelle basse, mais vraie, plutôt que d'une haute
dentelle imitée.

LA BRODERIE

LES BRODERIES

On brode depuis la plus haute antiquité. Les premiers vêtements de lin ont dû être enjolivés de dessins, tracés sur l'étoffe au moyen du fil et de l'aiguille.

Et même, les peaux de bêtes, qui, les premières, ont couvert la nudité de l'homme et l'ont préservé du froid, ont été ornementées de broderies, n'en doutez pas, sur leur face lisse qu'on portait à l'extérieur, maintenant sur le corps le côté poilu, pour procurer plus de chaleur. La femme aimante brodait sans doute le vêtement primitif de son compagnon de vie au moyen d'une arête ou d'un os très fin et très pointu, ingénieusement troué en son extrémité la plus épaisse et enfilé de ses longs cheveux blonds, ces cheveux qui, dit-on, paraient la tête d'Ève.

La Bible mentionne l'art de la broderie. Les Grecs en attribuaient l'invention à Minerve. Leurs femmes, et plus tard les Romaines, étaient renommées pour leurs tabliers richement brodés. L'Inde et l'Égypte anciennes, toute l'Asie antique, au reste, brodaient à l'aide de fils de soie, d'or, d'argent ou de lin.

Le Nouveau Monde, au moment de la conquête, exécutait une sorte de broderie en plumes. La dépouille des oiseaux était disposée de telle sorte sur les tissus, qu'elle formait des dessins éclatants, attachés par des points dissimulés.

Les Gauloises brodaient. Au moyen âge, c'est un passe-temps de châtelaines. Je ne parle pas des tapisseries qui ressortissent à l'ameublement, mais surtout de la parure ajoutée au costume.

Au IXe siècle, c'est un abus de broderies autant que de pierreries, le luxe byzantin a fait irruption dans la toilette. Mais déjà on mentionnait un atelier de brodeurs dans la maison de plaisance que Clotaire possédait aux environs de Paris. Richard Cœur de Lion fut reconnu, trahi, réduit en captivité, par la faute de ses gants, merveilleusement brodés.

Le goût pour les vêtements brodés n'a pas changé chez nos Bretons, depuis un temps immémorial. Il existe, en leur province, des brodeurs ambulants. Quand une jeune fille est fiancée, on appelle deux ou trois de ces ouvriers, qui brodent en or fin et en soies de diverses couleurs la robe de noces, robe de drap noir, en général. Les riches fermiers vont jusqu'à payer mille francs ce travail qui dure de longs jours.

Au milieu du xixᵉ siècle, le mouchoir de poche brodé a tenu une grande place dans la toilette féminine. Les jeunes filles, principalement, passaient de grands mois à encadrer d'une haute broderie très fine un petit carré de batiste, qu'il était de mode au bal, à la promenade, en visite, de tenir, prétentieusement, entre l'annulaire et le petit doigt de la main droite. Le mouchoir était alors plié de telle sorte que le carré de batiste seul fût pris entre les doigts qui le serraient. La broderie s'étalait bien visible. L'hiver, on avait soin de la faire sortir du manchon. Mais aucun de ces mouchoirs n'a atteint le prix de dix-neuf cents écus, que Sully dut payer, non sans récriminations, pour l'un de ceux de la belle Gabrielle.

Le jupon de percale blanche, brodé à même à l'anglaise, était aussi une des grandes élégances de ce temps peu artiste... mais plus heureux que le nôtre, puisqu'il ne fallait pas dépenser pour la toilette, moins coûteuse, les sommes folles dont on la paie aujourd'hui.

Le travail de broderie exige beaucoup de goût... et de patience.

Il est assez étonnant qu'à notre époque de sports à outrance, les femmes se soient remises à broder. Il est vrai que Carmen Sylva, dont le labeur littéraire et le métier de reine réclament bien autant d'heures que les exercices violents auxquels se livrent les jeunes mondaines, il est vrai que cette royale authoress dépose sa plume brillante pour broder. Vous savez, ces broderies légères de plusieurs couleurs exécutées sur toile blanche ou autres tissus. Je ne sais quel attendrissement me gagne à voir cette femme du rang suprême, dont l'intelligence est si haute et si noble, se livrer à cet humble et patient travail féminin, que beaucoup d'écrivains de son sexe trouveraient indigne d'occuper une de leurs heures.

Les broderies roumaines, et les broderies russes, et les broderies bleues de Madère, et tant d'autres, sans atteindre au summum de la beauté, ont ajouté fort agréablement aux riches et classiques broderies dont nous agrémentons le linge et les vêtements.

Il y a bien des genres de broderies.

Je ne décrirai pas la broderie en guipure, c'est une dentelle dont j'ai parlé.

On connaît la *broderie en couchure* ; — l'or et l'argent avec lesquels on l'exécute sont couchés sur le dessin et assujettis par de la soie de même couleur.

La *broderie appliquée,* — faite sur toile, découpée et, alors, appliquée sur une autre étoffe.

La *broderie au tambour,* — originaire du Levant, exécutée à l'aide d'un crochet délié, qui conduit la soie ou le coton sur l'étoffe tendue sur un cerceau. C'est la Suisse, Alençon, Saint-Quentin, Tarare, qui tiennent le record de la broderie au crochet.

La *broderie en lame,* — c'est-à-dire en or ou argent.

La *broderie sur tulle,* — que Lyon exécute en soie, la Picardie et la Lorraine, en coton ; et beaucoup de fabriques au moyen de paillettes imitant les pierres précieuses.

La *broderie Richelieu* ou fenestrée, — une broderie ajourée au point de feston, d'une très grande allure.

La *broderie anglaise* — bien qu'elle soit ajourée, diffère de la broderie Richelieu, comme dessin d'abord ; le dessin de la broderie anglaise, qui est beaucoup plus simple, de conception rudimentaire, pourrait-on dire, est découpé dans chacune de ses parties, bien tracées, au préalable, au moyen de coton, puis entourées d'un point de cordonnet.

La *broderie au plumetis* — qui demande un vrai talent d'exécution. Elle comprend plusieurs points : point d'armes, point de plumes. Cette fine broderie, dont les points parfaitement droits doivent se serrer les uns contre les autres, imite la disposition des barbes de la plume. C'est Nancy qui en fournit le plus. Toutefois, on dit que les broderies de Paris sont plus belles, plus soignées.

Il faut encore augmenter ces broderies du simple feston, si joli, même quand il est seul à garnir le linge.

On comprend dans les points de broderie : les rivières de jours, le point turc, le point d'échelle, le point d'épines, le point à jour. On varie ces points autant qu'on veut.

Il ne faudrait pas oublier le point de marque, bien que le chiffre de la lingerie élégante soit plutôt demandé au plumetis.

Toutes ces broderies sont imitées à la mécanique, mais elles n'ont alors ni le fini ni la solidité des broderies faites à la main.

Pour la toilette, on brode sur soie, tulle, gaze, velours, toile, mousseline, batiste, linon, etc., à l'aiguille et au crochet ; à la main ou au métier.

L'orsqu'on achète des broderies, pour compter sur leur durée, il faut s'assurer que l'étoffe sur laquelle on les a exécutées est de bonne qualité.

On peut recommander, auprès des nôtres, les broderies de Saxe. Milan, Venise en exécutent aussi de très belles.

L'Inde, la Chine nous en envoient. Elles sont très riches, de belle facture aussi, moins bien faites pourtant, et surtout de goût moins pur que les broderies européennes.

Les Arabes, les Turcs, tous les peuples civilisés, au reste, brodent avec plus ou moins de perfection et d'invention.

La femme du monde, la femme très riche ne doit pas trop marchander le prix d'une fine broderie, quand elle lui est fournie directement par l'ouvrière, ou, même, quand elle l'achète dans un magasin, où on ne serait que trop disposé à diminuer le salaire de la brodeuse, pour conserver un bénéfice trop considérable.

Les pauvres femmes qui exécutent ces broderies usent leurs yeux à ce travail qui exige beaucoup de temps, elles compromettent leur santé par une trop grande assiduité qui leur interdit l'exercice nécessaire, salutaire.

L'ÉVENTAIL

La femme est armée de l'éventail
comme l'homme de l'épée.

ADDISSON.

LES ORIGINES ET L'USAGE DE L'ÉVENTAIL

Un auteur attribue l'origine de l'éventail à
Vénus. On ne voit pas bien l'usage de l'éventail aux mains d'une déité à laquelle les Zéphyrs
devaient faire cortège.

Toutefois, il est certain que l'humanité a très
anciennement connu l'objet que nous appelons
aujourd'hui hochet féminin, mais bien à titre
rituel et utile d'abord. Il était alors employé
autour des autels, dont il servait à éloigner les
insectes, les mouches, et, en effet, on l'appelle
« émouchoir » : la première forme sous laquelle
il apparaît est une queue de bœuf ou de cheval,
une branche d'acacia ou de myrte.

Ce sont d'humbles commencements. Les
frêles chefs-d'œuvre que les femmes du monde
agitent avec élégance ou que leur beauté fait

placer sous verre, les admirables éventails que nous connaissons ne renieront-ils pas d'aussi grossiers ancêtres ?

Parmi la domesticité romaine, il faut compter les fabellifères, c'est-à-dire ceux qui étaient chargés de préserver de l'approche des insectes le sommeil des femmes riches, et de leur procurer un peu de rafraîchissement.

Lucile n'a-t-il pas dit : « Démétrius, en éventant, pendant son sommeil, la petite et légère Artémidora, l'a lancée hors de la chambre ».

Les poètes Ovide, Tibulle, Properce ont parlé de l'éventail. Il paraît que les sibylles avaient l'habitude de s'éventer en rendant leurs oracles, et nous savons que les Étrusques se servaient d'éventails en plumes de paon. On en composait également à l'aide des plumes de l'autruche et du perroquet. Les plus grands étaient des chasse-mouches ; les autres, plus légers, faisaient partie de la toilette des femmes, qui les suspendaient à leur ceinture au moyen d'une chaîne d'or ou d'argent.

Le modèle originel de l'éventail est une aile
d'oiseau ou mieux deux ailes réunies. Mais on
voit tout de suite des éventails hindous en mo-
saïque de plumes, et l'éventail japonais est en
fer ciselé.

Les grands prêtres d'Isis portent un éventail-
écran. Ce sont des plumes de grandeurs différentes disposées en demi-cercle. Ces mêmes
éventails servent aux Égyptiens d'étendard mili-
taire pendant la guerre, et on les retrouve dans
les processions triomphales des pharaons et des
prêtres.

Les Aztèques ont connu l'éventail. Monte-
zuma, au nombre des présents envoyés à Cortez,
n'a garde d'oublier des éventails en plumes,
ornés d'un soleil et d'une lune en or poli.
C'était un emblème d'autorité, et on les plaçait
dans la main des dieux.

En notre temps même, l'éventail n'a pas
perdu sa place dans les cérémonies religieuses,
non pas seulement en Orient, mais en Europe,
mais à Rome : les jours où le Saint-Père se

montre en public, il est environné de gardes qui portent d'immenses éventails de plumes blanches.

Dans l'Église grecque, un dessin favori représente un Chérubin à six ailes, qui forment éventail.

Servant au culte, à la guerre, symbole d'autorité, objet d'utilité, sceptre de la coquetterie, l'éventail appartient à tous les âges de l'humanité.

Mais en Chine on ne convient pas de son antiquité, du moins le vulgaire. Les conteurs de l'Empire des Fleurs, bien plus écoutés que les savants, donnent à l'éventail une origine relativement moderne et tout à fait charmante. Au reste, voici la légende dans toute sa grâce : Un soir, la jolie Kan-Si, ce qui signifie assurément *fleur de jasmin, doux lis* ou *diamant pur*, un soir la jolie Kan-Si assistait à la fête des Chrysanthèmes. Elle fut si incommodée par la chaleur qu'il lui fallut détacher le masque dont elle recouvrait son visage au dehors, comme toute femme d'extraction mandarinesque. Mais la loi lui défendait d'exposer aux regards des profanes ses traits gracieux et son sourire. Alors, pour ne pas enfreindre gravement la règle, elle imagina un de ces compromis que savent si bien trouver les cerveaux féminins : elle agita rapidement son masque, en le tenant au plus près de son doux visage, de telle sorte que la vitesse du mouvement rafraîchit ses joues brû-lantes, tout en dérobant aux yeux du peuple son front d'ambre pâle et ses lèvres de rose.

Les autres femmes présentes approuvèrent l'innovation encore plus ingénieuse que hardie, et bientôt dix mille mains agitèrent dix mille masques. L'éventail venait de naître.

L'ÉVENTAIL A LA COUR DE FRANCE

Sous François Ier, l'éventail commence à remplacer l'*éventoir à plumes* : « émouchoirs », « esventeurs », « esventoirs », comme disent les manuscrits et les inventaires au XIIe siècle. On voit pourtant en quelques mains encore l'éventail-girouette, l'éventail-écran aussi, frangé d'or.

L'éventail est toujours aux mains de Catherine de Médicis, et les demoiselles d'honneur de cette reine peu sympathique l'agitent tout le jour. Il est vrai qu'elles ont fait incruster au milieu un petit miroir dans lequel elles s'assurent, à chaque instant, si leur coiffure n'a subi aucun dérangement.

Mais longtemps l'éventail n'est employé qu'en été. C'est au moins ce que fait croire la consultation que les dames de la cour du Roi-Soleil prennent de Christine de Suède.

— Peut-on en faire usage aussi pendant l'hiver? lui demande-t-on, car on a trouvé commode d'avoir constamment ce jouet dans les mains, pour les occuper, pour se donner une contenance.

— A quoi bon? répond rudement la fille de Gustave-Adolphe, n'êtes-vous pas assez éventées sans cela?

Mais cet avis ne prévaut point. L'éventail est adopté en hiver également.

C'est depuis le XVIIe siècle qu'on fait des éventails montés sur des baguettes de bois léger. La mode dut en être rapportée de Chine par quelque missionnaire.

En 1678, les journaux français qui s'occupent de la mode, annoncent que l'éventail aura des dimensions s'accordant à l'envergure de la toilette des dames. Mais cette décision fait l'éventail si grand, qu'il devient trop lourd à porter et encore plus à manier.

Saint-Évremond donne à son amie Ninon un

éventail bien sérieux, en vérité : la peinture qui l'ornait représentait un épisode du poème du Tasse, *la Jérusalem délivrée* : c'est la guérison miraculeuse de Godefroy de Bouillon.

Au xviiie siècle encore, les peintres éventaillistes puisent leurs sujets dans ce poème, en grande faveur sans doute. Mais c'est une entrevue de Renaud et d'Armide dans les fameux jardins.

Ce ne doit être ni Boucher, ni Fragonard, ni Watteau qui choisissent ces motifs-là. Ils préfèrent obéir à leur propre inspiration, et nous donner les scènes galantes ou élégantes que les gens de leur temps mettent sans cesse sous leurs yeux, ou bien ils ont recours aux plus gracieuses fables mythologiques.

A qui devait-on l'éventail que le comte de Provence envoya, accompagné de ce joli quatrain, à Marie-Antoinette, sa belle-sœur?

> Au milieu des chaleurs extrêmes,
> Heureux d'amuser vos loisirs,
> Je saurai près de vous ramener les zéphirs,
> Les amours y viendront d'eux-mêmes.

Au temps de Louis XV, l'étiquette interdisait aux dames de la cour d'ouvrir leur éventail en présence de la reine, si ce n'est en guise de soucoupe, pour lui présenter quelque chose. Il y eut un jour de grand couvert à Versailles, un gros scandale à ce sujet-là. Dans un moment de trouble et, surtout, parce qu'elle avait des raisons pour dissimuler ses traits aux regards d'un jeune garde française, la comtesse d'Egmont ouvrit son éventail au mépris de l'usage, et s'en couvrit le visage. Les duchesses à tabouret se mirent immédiatement à chuchoter, et le comte d'Egmont, le plus formaliste des gentilshommes de son temps, et le maréchal de Richelieu, père de la délinquante, se trouvèrent profondément humiliés et malheureux de cet oubli des convenances, dont la cour et la ville parlèrent huit jours durant. Seuls Marie Leczinska et Louis XV parurent ne pas s'être aperçus de l'émoi de la nerveuse Septimaine ni du déploiement de son éventail.

A ces époques-là, l'éventail a servi plus d'une

fois à faire rentrer dans une attitude respec-
tueuse les soupirants qui s'émancipaient. Si
tant d'adorables éventails de nos belles aïeules
sont arrivés jusqu'à nous brisés ou détériorés,
c'est qu'elles n'hésitaient pas à s'en servir pour
frapper l'audacieux qui voulait leur dérober
quelque faveur. Des femmes fortes, les charmantes mondaines de ce temps, et dont le fémi-
nisme était acceptable, n'est-ce pas ?

Au cours des scènes les plus tragiques, on
trouve l'éventail dans les mains de la femme. Il
s'échappe de celles de Charlotte Corday quand
elle poignarde Marat dans sa baignoire. Cet
éventail figure dans son procès. Il est conservé
au musée de Caen, la ville natale de l'héroïne.

LES ÉVENTAILS DIVERS

L'éventail n'est plus réservé exclusivement aux femmes d'une certaine classe de la société et son usage n'est pas non plus circonscrit, comme autrefois, entre le crépuscule du soir et celui du matin. Le charmant objet de toilette est aux mains de toutes et, dans la saison chaude, on l'agite pendant le jour, aussi bien que durant la nuit.

Son prix varie entre dix centimes et cent louis. Les premiers sont des feuilles enluminées, montées sur des brins de bois; les autres sont de véritables bijoux, car on prodigue les matières précieuses pour leur monture; ou d'admirables œuvres d'art : ce sont des peintures signées Lebrun, Boucher, Watteau, Fragonard, sans compter les peintres modernes,

Madeleine Lemaire, Louise Abbéma, Maurice Leloir; ou des dentelles d'une délicatesse inouïe; ou des laqués d'Extrême-Orient qui, avec leurs ors différents, leurs fleurs fabuleuses et leurs dragons, sont de la plus grande beauté.

Les éventails en plumes méritent bien aussi une mention. Ils sont immenses, et rien n'est si doux à un visage de femme que le frissonnement qu'ils mettent autour de la tête. Il faut bien se garder d'acheter des éventails en plumes de paon. Ils portent malheur!.. aux jeunes filles surtout.... Celle qui possède la moindre partie du plumage œillé de l'oiseau de Junon ne se mariera jamais!!

J'ai vu un éventail d'une jolie originalité : un geai avait été tiré, — meurtre aussi fâcheux qu'inutile. Le chasseur offrit les ailes bleues de l'oiseau à une amie, qui les fit monter en éventail sur de l'érable gris.

Nous avons des éventails en papier, nous l'avons dit; ceux-ci sont montés *ad hoc*. Mais il en existe en peau de chevreau dite *cabretille* ou *cannepin*, en soie, en gaze. C'est *la feuille* peinte avec plus ou moins d'art; ou pailletée quelquefois, s'il s'agit d'éventails en gaze. Cette feuille, plus ou moins belle, est montée sur des tiges : *brins* de nacre, d'ivoire, d'écaille, d'ébène, de bois de santal, etc., encore rehaussées de ciselures, de peintures, d'incrustations, etc.

On connaît des éventails tout en ivoire, ébène, écaille; ils sont alors composés entièrement de « brins » à dessins perforés. Ce sont les éventails dits *brisés*, par la raison que les brins au lieu d'être collés à une feuille sont séparés, mais roulent les uns sur les autres, grâce au ruban qui les traverse par le haut.

On reproduit beaucoup l'éventail *Cabriolet*, qui eut une grande vogue sous Louis XV. Il est monté en bois des îles, en nacre sculptée, en écaille blonde; c'est une peinture sur soie, qu'on veut signée d'un beau nom artistique.

Les peintures sont dites ornement *par confu-*

sion quand elles sont irrégulières, tel un bouquet jeté dans un angle et s'étendant sur toute la feuille.

L'ornement *par rayonnement* : c'est un sujet par chaque segment de feuille; enfin la *décoration générale* est une scène qui embrasse la totalité de la feuille.

Il ne faudrait pas oublier l'éventail formé au moyen d'une feuille séchée de palmier. Il est très joli dans son extrême simplicité et son excessif bon marché. Il y a encore les éventails en paille tressée blanche ou de plusieurs couleurs, en forme de feuille, d'étendard, d'écran, qu'on agite en Afrique, qui est aux mains des hommes comme en celles des femmes.

UN ÉVENTAIL POUR CHAQUE HEURE

L'éventail aux mains de la femme n'est pas seulement objet d'utilité ou d'amusement. Il ne lui sert pas seulement à voiler son visage au bon moment, il ne se borne pas à *parler*, à *télégraphier*, sans qu'on s'en doute, au milieu d'une nombreuse assemblée, il procure encore un maintien, une contenance.

Mais on n'exhibe pas un chef-d'œuvre de Watteau, un éventail en dentelle Duchesse, en plumes d'autruche, aux heures du matin, quand on va par la ville en costume tailleur.

Pour ce moment de la journée, un éventail en soie, monté sur ébène, citronnier ou santal, est tout ce qui convient. Il y a quelques années, une femme riche, une Espagnole, avait commandé douze éventails en soie rouge, montés sur citronnier, dont les peintures bleu clair racontaient les principaux épisodes de la vie de Don Quichotte.

L'après-midi, pour accompagner la toilette de promenade, de visites, d'expositions, etc., l'éventail est déjà plus beau, en tant que monture et peinture.

Mais pour le théâtre, les dîners, les réceptions du soir et le bal sont réservées les merveilles : les éventails laqués du Céleste Empire, ceux que l'on peint au pays du Soleil Levant (Japon); les délicieuses compositions de nos artistes des XVIIIe, XIXe et XXe siècles; les feuilles de dentelle, les plumes, etc.

En été, une maîtresse de maison qui sait son métier, éparpille sur les tables et les meubles de son salon des éventails et des écrans de fantaisie, jolis mais sans grande valeur, elle les met ainsi à la disposition de ses amis, pour qu'ils puissent s'éventer au besoin, et pour occuper leurs doigts, ce qui est d'un secours précieux aux gens nerveux ou fébriles, qui ne peuvent se condamner à l'immobilité.

L'éventail de deuil est en peau de soie noire, terne, sans peinture, avec brins d'ébène. En demi-deuil, il se porte en dentelle noire, pailletée ou non de jais ou d'argent; en plumes noires. Vers les derniers jours on peut déployer l'éventail de dentelle blanche, de plumes grises ou blanches.

L'éventail des épousées est tout blanc. Celui des jeunes filles devrait être très simple. Mais, hélas! on offre aux premières communiantes des éventails de valeur.

L'*éventail maternel* est exquis : il est en soie et ses ornements consistent en la reproduction *par rayonnement* (par segment) des traits des chérubins que possède la propriétaire de l'éventail : miniatures, photographies coloriées ou gouache, selon les goûts... et les ressources.

LE LANGAGE DE L'ÉVENTAIL

Après les Chinoises et les Japonaises, les
Espagnoles et les Brésiliennes sont les femmes
du monde qui se servent le plus de l'éventail.
Les vieilles femmes aussi bien que les jeunes
l'agitent dans le salon ou le taudis sordide. On
le voit aux mains des enfants, des servantes,
que dis-je? il n'est pas de poupée sans éventail.
En ces pays où l'amour — avec accompagne-
ment de guitare et d'échelles de soie, d'obs-
tacles et de mystère — joue encore un si
grand rôle dans la vie, l'éventail ne sert pas
seulement à donner un peu de fraîcheur à
celle qui l'agite, avec quelle grâce, on le sait!
Il a un langage au moyen duquel deux amoureux peuvent se communiquer leurs pensées,
au milieu d'une foule nombreuse, sous les yeux

d'une duègne impitoyable ou d'un frère féroce. L'éventail, selon la façon dont il est plié, déplié, replié, agité, dit toutes sortes de choses : « Je vous aime. » « Votre amour me touche. » « Je suis furieuse contre vous. » « Prenez garde, on nous observe, mon chaperon vient. »

Cette dernière phrase *se prononce* en appuyant l'extrémité supérieure de l'éventail sur le front, ce qui peut, en même temps, dissimuler le trouble, une rougeur. L'éventail porté au-devant des lèvres réclame un silence immédiat. Très utile, si l'on voit paraître quelqu'un à l'improviste. C'est en ouvrant seulement trois lames de l'éventail qu'on fait le doux et enivrant aveu : « Je vous aime. » Les jours où l'on voudrait bien accabler son amoureux d'injures, on dirige vers l'endroit où il se tient le petit bout de l'éventail, c'est dire : « Tenez, vous m'êtes devenu indifférent, » ou : « Je vous hais ; » selon la faute commise. On exprime aussi l'indifférence en s'éventant très lentement. Si l'on revient à des sentiments moins féroces, plus tendres, on lui présente l'éventail par le gros bout. Il peut encore adorer la belle offensée, qui lui pardonne.

Au Brésil et au Pérou, les femmes font, plus que partout ailleurs, un usage immodéré de l'éventail. Les grandes dames les veulent à sept branches seulement, pour correspondre aux sept jours de la semaine. Voici comment se donne un rendez-vous pour le mercredi, troisième jour de la semaine : on déplie trois lames de l'éventail. Puis, d'un air indifférent, on frappe trois fois du bout de l'index, c'est l'heure indiquée, trois heures de l'après-midi. Pour les heures du soir, on tape avec l'extrémité du petit doigt. Si l'éventail est, ensuite, immédiatement ouvert, le rendez-vous doit être trouvé par l'amoureux. Si on le ferme complètement, le rendez-vous est sous le balcon de la dame.

Ailleurs, quand un gentleman présente à une femme, de la main gauche, l'éventail qu'elle a

laissé tomber et qu'il vient de lui ramasser,
c'est un aveu de l'impression que la dame a faite
sur lui. Si elle reçoit l'objet de la main gauche
aussi, c'est qu'elle accueille favorablement
l'offre de cette sympathie. Si elle prend
l'éventail de la main droite au contraire, elle
refuse ce cœur qui voulait se donner à
elle.

Ainsi, grâce à une simple convention, peut
se traduire, par quelques gestes, la passion
et l'amour. Et par cette espèce de télégraphie,
le plus timide, le plus renfermé des hommes
peut, sans peine et sans crainte, communiquer
à une femme les sentiments qu'elle lui a inspi-
rés. Et dans le cas où il est repoussé, il évite
la dure expérience, la mortification d'un refus
catégorique prononcé.

En Angleterre, vers 1830, les hommes choi-
sissaient leur danseuse, par la loterie de l'éventail. C'était une jolie chose. Les jeunes filles
jetaient, à l'arrivée, leur éventail dans une
corbeille. Les jeunes hommes en prenaient un.

25.

Heureux s'ils tombaient sur celui de la bien-
aimée. Vous pensez qu'ils essayaient de connaître tous les éventails qu'elle pouvait posséder.

On dit encore que le mouvement qu'elle
imprime à son éventail révèle l'état civil d'une
femme. Entre les mains d'une veuve, le batte-
ment est lent, mesuré, comme il convient à
quelqu'un qui pleure encore, dont le chagrin,
toutefois, s'adoucit de résignation. Après
quelques années, il s'agite un peu plus vite,
comme un malin indice de renouveau, et il
chante : « Je le possédais, je l'ai perdu, — si
je le retrouvais? »

Entre les mains d'une vieille fille, l'éventail
prend un mouvement rapide, saccadé, presque
violent et il dit : « Si j'avais voulu, je l'aurais
eu; je l'aurais eu, si j'avais eu besoin de lui. »

Dans les mains de la femme mariée, balan-
cement serein, on est content de soi-même, la
vie a donné ce qu'elle devait, et l'éventail
annonce : « Je l'ai, je l'ai. »

La jeune fille l'agite d'une main fiévreuse, excitée et on entend murmurer : « Attrapons-le, attrapons-le, attrapons-le. »

Du moins c'est un Anglais qui raconte ces impertinences-là.

Voici, en outre, un lexique espagnol complet :

Fermé, suspendu de la main droite, l'éventail dit : « Je désire un fiancé. » De la main gauche : « Je suis fiancée. » L'extrémité de l'éventail appuyée sur les lèvres signifie : « Je doute de toi. » Quand il sert à relever les cheveux du front : « Je me souviens de toi. » Lorsqu'on s'évente très vite, c'est : « Je t'aime beaucoup. » Si on ferme l'éventail précipitamment : « Je suis jalouse. » Si on le laisse tomber : « Je t'appartiens. » Si on en appuie l'extrémité sur son cœur : « Je t'aime et je souffre. » Si on l'ouvre à demi pour se couvrir une partie du visage : « Prends garde, ma duègne ou mon frère nous regarde. » Si on compte les lames de l'éventail : « Je désire te parler. » Si on touche avec l'éventail la paume de sa main : « Je calcule si tu me conviens. » Si on passe l'éventail d'une main dans une autre : « Je m'aperçois que tu regardes une autre femme. » Si on frappe la paume de sa main de l'éventail : « Aime-moi. » Si on frappe un objet quelconque : « Je suis impatiente. » Ne pas se servir de son éventail signifie : « Je ne veux pas d'amoureux. » Se garantir du soleil au moyen de l'éventail : « Tu es laid. » Se mettre au balcon et s'éventer : « Je sortirai. » Se mettre au balcon et laisser l'éventail au repos : « Aujourd'hui, nous n'allons pas à la promenade. » Regarder souvent les peintures de son éventail exprime : « Tu me plais beaucoup. » Prêter son éventail au *novio* : mauvais augure. Lui prendre le sien, indiscrétion.

Vingt et une phrases ! il est bavard l'éventail !

QUELQUES ÉVENTAILS CÉLÈBRES

Sous le second Empire, on voyait aux mains de la duchesse de Bassano, le fameux éventail signé Watteau : *Une fête à Cythère*. La princesse de Sagan, en sa jeunesse, a quelquefois agité le plus charmant des éventails de Boucher : *La foire aux baisers*. Il en est un qui se perpétuera en héritage d'aïeules, dans la maison espagnole de Medina-Cœli : *Phryné devant ses juges*.

Une des baronnes de Rothschild a réuni une merveilleuse collection d'éventails, dont le moindre vaut au moins mille francs. On y trouve une merveille : celui qui représente *Les fêtes de Versailles*, signé par Watteau.

Il est entouré d'œuvres de Lancret, de Lebrun, etc.

Gustave Doré avait dessiné pour Mme Rossini un éventail où il avait trans... posé la romance : *O Mathilde, idole de mon âme,* en adorables vignettes : les portées étaient des flûtes et des archets ; les notes, des amours.

La Patti possède un éventail où, sur la feuille de parchemin, presque tous les souverains de l'Europe ont signé un éloge, un compliment.

La collection laissée par la duchesse d'Aumale est d'une grande valeur.

Au palais de Castille, la reine Isabelle a réuni plus de huit cents éventails, de tous modèles et de tous pays.

L'impératrice douairière de Russie a créé un admirable musée de spécimens du « sceptre de Célimène ».

L'impératrice Eugénie en possédait de fort beaux, quand arrivèrent les désastres de 1870. Le plus remarqué peut-être est celui que Gavarni dessina spécialement pour elle.

Il en est un qui fut envoyé avec ces vers qu'on croirait écrits par un poète du xviiiᵉ siècle :

Vous jurez de m'être fidèle;
Cela vous arrive souvent :
Autant en emporte le vent,
Je le sais bien, ma toute belle....
Si l'air, trop lent dans son travail,
N'emporte pas votre parole,
Pour que plus vite elle s'envole,
Vous agitez votre éventail.

On demande le nom de l'auteur, celui du donateur et de la destinataire.

QUELQUES AUTRES SUPERFLUITÉS

LES RUBANS

Au nombre des hochets féminins ou des inutilités de la toilette, on peut ajouter les rubans.

Je dis tout de suite que c'est une charmante chose. Ils ornementent la toilette féminine d'une façon ravissante, qu'ils forment des nœuds ou des choux, ou qu'ils soient disposés en longues coques à bouts flottants.

Ils n'appartiennent plus du tout au costume masculin, sauf au titre de ruban d'un ordre de chevalerie. Même sur le soulier, ils donneraient aujourd'hui à l'homme un air efféminé.

Mais les gentilshommes du règne de Louis XIII en firent un véritable abus dans leur costume, comme, au reste, des dentelles, des broderies et des plumes. Sous Louis XIV, ils en portent plus encore. Les mazarinades, les critiques de Molière ne purent rien contre les « galands », comme on appelait ces flots de rubans qui ornaient la culotte, le pourpoint et jusqu'aux souliers.

Mlle de Fontanges en fait un joli usage, un jour, pour relever et nouer ses cheveux qui s'échappent. Mais sur les vêtements des grands seigneurs, que cet ornement paraît donc absurde, et qu'ils s'accordent peu avec les métiers d'homme : clergé, armée, magistrature! (Avant cette époque ils n'apparaissent pas dans la toilette.)

Enfin, les rubans que tissent Lyon et Saint-Étienne ne sont plus que pour nous.

Peut-être en faisons-nous abus aussi comme les gentilshommes du xviie siècle. Notre lingerie intime ne se contente plus des broderies, des dentelles, elle réclame aussi les longs rubans.

Ils sont là assez encombrants. Mais je ne

saurais souhaiter les voir disparaître du jupon de soie ou de mousseline, de la robe, du vêtement, du chapeau.

C'est dans nos cheveux qu'on les voit le moins maintenant, et qu'ils étaient si bien placés. A peine attachent-ils les longues boucles ou les lourdes nattes des fillettes.

Le plus joli emploi du ruban, c'est en ceinture; soit qu'il enserre simplement une taille ronde et mince, soit qu'il se prolonge en longs bouts sur la jupe, en se nouant de larges coques.

La ceinture de la première communiante constitue une partie importante de sa toilette. Elle est si large et si longue qu'elle en devient coûteuse et, par cela même, peut se donner en cadeau à la jeune néophyte.

La mode les change, les varie à l'infini, en tant que tissage et couleurs. N'a-t-on pas connu des *rubans à l'arc-en-ciel*, c'est-à-dire de toutes les couleurs du prisme?

26.

Les galons ne sont guère que des rubans, brodés, passementés, ajourés, brochés.

Quant aux passementeries, elles imitent la dentelle, ou la dentelle les a imitées, car on donna d'abord à celle-ci le nom de passement, d'un enjolivement du costume qui existait à l'apparition du merveilleux et délicat travail dont nous avons parlé.

LES FLEURS ARTIFICIELLES

Cette industrie est très ancienne au Céleste-Empire. Les missionnaires en parlèrent sans doute dans les lettres qu'ils adressaient en Europe. Elle fut d'abord cultivée en Italie, puis en France, vers 1758.

Mme de Pompadour fait grand usage, dans sa toilette, de petites roses en soie ou en mousseline. Et le goût pour cette parure de fleurs ne fera que grandir, se généraliser jusqu'à nos jours.

Cette imitation de la fleur naturelle fait vivre des milliers d'ouvrières-artistes, sans compter ceux qui leur apprêtent tout ce qui est nécessaire pour cette gracieuse fabrication. Aussi, je n'aurai garde de trouver que la fleur artificielle soit une parure inutile. D'ailleurs, elle n'est pas bien coûteuse, et puis elle a sa raison d'exister, puisque la fleur naturelle ne durerait pas, au corsage, les heures d'un bal, ni, sur un chapeau, le temps d'une visite. Assurément, elle serait plus jolie encore, quoiqu'on l'imite si parfaitement que bien des gens s'écrient devant une vraie rose : « Oh ! qu'elle est belle, on dirait une fleur artificielle ! »

Enthousiasme, exclamation que je n'ai jamais pu comprendre.

Oui, la fleur naturelle serait plus jolie mille fois, elle aurait une grâce vivante, ce quelque chose qui distingue l'œuvre de la nature dans le plus humble des végétaux, et auquel, en ses objets inanimés, la perfection de l'œuvre humaine ne saurait atteindre. Mais la fleur naturelle se flétrit vite, à peine née et, surtout, quand elle a été détachée de sa tige. Alors elle devient laide à voir, elle offense l'œil : « Ce sont, dit le poëte, les plus jolies filles qui font les plus horribles vieilles.... » Pas toujours, pourtant, mais pour la rose, c'est exact.

Portons donc des fleurs artificielles, puisque nous n'avons pas toutes un jardin à notre disposition, et puisque la rose du buisson ne dure qu'un matin.

Portons même des fruits imités, un bouquet de cerises va à ravir sur un chapeau de paille.

On a même vu, sur une toque de mousseline, une botte de radis roses, de toutes petites carottes. C'était sans doute porté par une descendante de cette grande dame de la cour de Marie-Antoinette, qui, coiffée, pour le bal, d'un artichaut et d'un petit chou, disait : « J'aime tant les légumes! c'est plus *naturel* que les fleurs. » (!!!)

Je ne conseille pas de tomber dans ces extravagances. Nous pouvons nous contenter du jardin d'agrément et du verger, sans faire d'emprunt au potager.

Le Brésil imite la fleur avec les plumes des oiseaux.

Les plumes vertes du perroquet et autres lui fournissent le feuillage; avec les vives couleurs du plumage si divers des nombreuses variétés d'*oiseaux des îles* (comme on dit), on possède tous les tons que la palette emprunte aussi à la nature.

Ce n'est pas d'un très bon goût; c'est un travail emprunté sans doute aux femmes des tribus indiennes; que voulez-vous? On fait ce qu'on peut.

LES PLUMES

Enfin, il nous faut aussi, pour nous embellir, la plume qui, il est juste de le dire, fut d'abord prodiguée dans le costume masculin. Les casques des chevaliers sont surmontés d'un haut panache; puis les bonnets, toques, chapeaux que les hommes portent à la ville sont souvent garnis d'une plume ou d'un bouquet de plumes.

Le panache blanc de Henri IV est célèbre. Sous les règnes de Louis XIII et de Louis XIV, le feutre des gentilshommes est enjolivé d'une longue plume qui balaie le sol, lorsque les seigneurs bien appris adressent à une dame ces saluts « prosternés », qui marquent bien le profond respect d'un sexe pour l'autre.

Mais ensuite, à part dans les cérémonies, à

l'armée, les hommes renoncent à cet ornement, encore plus superflu pour eux que pour nous. Aujourd'hui, on ne voit plus de plumes qu'au képi rigide de nos officiers de chasseurs à pied; au képi de nos colonels (en aigrette); au chapeau de nos généraux.

Sous Louis XV et Louis XVI, les panaches furent employés dans l'ameublement. On les retrouve encore maintenant sur les corbillards de 1re classe, sur la tête des chevaux qui les traînent. La plume appartient aussi aux cérémonies du culte. Sans redire autre chose, nous avons parlé des grands éventails de plumes blanches qu'on agite autour du pape dans les grands jours; des bouquets de plumes garnissent encore les quatre coins du dais qui servent, dans les processions, à abriter le prêtre qui porte le Saint-Sacrement.

Mais il faut bien dire que, depuis le xviiie siècle, c'est nous autres femmes qui faisons abus des plumages. Voyez les coiffures féminines sous le règne de Louis XVI.

Vers le milieu du XIXe siècle, cet ornement était interdit aux jeunes filles, par bon goût et simplicité. Les enfants et les femmes mariées seuls en portaient. Les jeunes filles se rattrapent aujourd'hui.

Sous la reine Victoria d'Angleterre, la coiffure *réglementaire* des ladies aux Drawings-rooms figurait le crest du prince de Galles : trois plumes plantées dans la chevelure, comme on les voit dans le blason du prince-héritier de la couronne. Tant pays de traditions que soit la joyeuse Albion, on permet aujourd'hui aux femmes de la cour de se coiffer comme il leur plaît.

Mais la plume, même chez nous, figure parfois dans la coiffure de bal, comme sur la robe.

Et nous en garnissons, à la ville, nos jupes, nos corsages, nos chapeaux, nos manchons, nous la portons autour du cou, sous le nom de boa, elle compose nos éventails, enfin ses usages sont innombrables dans la toilette.

27

Aussi nous faut-il la dépouille des plus beaux parmi les gallinacés, qui sont parfois d'humbles oiseaux de basse-cour : le coq, par exemple, — puis la pintade, le faisan, le paon. Les pays tropicaux nous envoient les paradisiers, le lophophore (diamant des oiseaux), le casoar. A nos climats nous demandons les geais, les colombes, les hirondelles, les mouettes. On poursuit l'autruche dans le désert d'Afrique pour lui enlever ses longues plumes ; on élève cet échassier pour cet unique mais superbe produit. Les grands vautours, eux-mêmes, concourent à nous procurer cet ornement recherché.

On dit, mais ce doit être une légende, qu'une grande dame eut la fantaisie d'une sortie de bal doublée de plumes de colibris, et qu'il fallut immoler *huit mille* de ces fleurs ailées pour réaliser sa fantaisie... cruelle.

Les Indiens chassent les oiseaux-mouches pour les offrir à leurs fiancées, qui portent ces charmantes bestioles aux oreilles, comme nous portons des rubis. Cette parure est fort jolie et, cependant, je ne la conseillerai pas. N'est il pas cruel de faire périr tant d'heureuses et innocentes créatures sous le prétexte de nous embellir?

Les femmes, qui portent des paradisiers sur leurs chapeaux, savent-elles quel supplice affreux on fait subir à ces admirables oiseaux, pour ajouter à leur beauté? Les chasseurs de paradisiers ne tuent pas tout de suite ceux qui tombent entre leurs mains féroces. Ils leur arrachent les entrailles, ils leur passent un fer rouge dans le corps et l'agonie des malheureux oiseaux se prolonge un quart d'heure, car ils ont la vie dure. Laquelle d'entre nous, instruite des horribles traitements qui leur obtiennent cet ornement de toilette, voudra arborer un paradisier sur sa tête?

Il s'est formé, en Angleterre, une ligue de femmes contre l'usage des plumages d'oiseaux dans la parure. On n'admettrait que ceux qu'on se procure sans infliger de souffrances. On respecterait la vie des hirondelles (nos sœurs),

des geais, de tous les autres petits êtres
ailés. Cette idée doit faire de nombreux par-
tisans.

Renonçons à ces bijoux qui ont vie. On ne les
tuera plus, on ne les torturera plus. Qui pourrait
accepter, parmi les femmes dignes de ce nom,
qu'ils périssent, qu'ils souffrent tant pour elles?

Ils sont faits pour voler dans les airs, rubis,
topazes, saphirs, émeraudes ailés ; pour chanter,
pour aller de fleur en fleur, portant la vie, la
fécondation dans les sexes séparés. Ils aident
l'homme dans le grand œuvre de la culture de
la terre ; ils doivent être, ils sont sacrés. N'en
faisons pas un objet de parure, ils brilleront pour
le plaisir des yeux ; ils chanteront pour les
délices de l'oreille ; ils augmenteront la production de la terre. N'est-ce pas assez? Le Créa-
teur ne leur a pas assigné d'autre rôle.
Respectons-les désormais, aimons surtout ces
gracieux frères inférieurs.

TABLE DES MATIÈRES

LES PIERRES PRÉCIEUSES

LES BIJOUX

LA DENTELLE

LA BRODERIE

L'ÉVENTAIL

QUELQUES AUTRES SUPERFLUITÉS

19006. — Imprimerie Lahure, 9, rue de Fleurus, Paris.

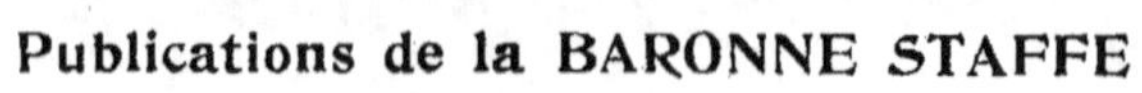

Usages du Monde. Règles du Savoir-Vivre

dans la Société Moderne

Un volume in-18 . . . . 3 fr. 50

Le Cabinet de Toilette

Un volume in-18 . . . . . . 3 fr. 50

La Maîtresse de Maison et l'Art de recevoir chez soi

Un volume in-18 . . . . . . 3 fr. 50

Traditions Culinaires

et l'Art de manger toutes choses à table

Un volume in-18 . . . . . . 3 fr. 50

La Correspondance

dans toutes les circonstances de la vie

Un volume in-18 . . . . . . 3 fr. 50

Mes Secrets pour plaire et pour être aimée

Un volume in-18 . . . . . . 3 fr. 50

La Femme dans la Famille

Un volume in-18 . . . . . . 3 fr. 50

Pour Augmenter son Bien-Être

Un volume in-18 . . . . . . 3 fr. 50

Paris — ERNEST FLAMMARION, Éditeur

—— 26, rue Racine, 26 ——

IMP. LAHURE

www.ingramcontent.com/pod-product-compliance
Lightning Source LLC
LaVergne TN
LVHW011934180726
843502LV00003B/793